女の本気

関西女性経営者46人からの本気のメッセージ！

エメラルド倶楽部関西

オータパブリケイションズ

情報と情熱を分かち合える、志の高い女性経営者が集う

エメラルド倶楽部関西

はじめに

現代の日本社会の中では、女性としての生き方は多様化し、働く女性はさまざまな場面で公私のバランスを問われています。そして、課題や問題点があることも事実です。それでも女性が社会で活躍していくためには、何か〝道しるべ〟が必要と考えます。

私たちが集う一般社団法人エメラルド倶楽部は、ひと言で言えば〝女性経営者集団〟です。業種業態を問わず、ビジネスを展開する女性たちが集っています。経営者としての生き方を選択した女性たちは、私的な問題、経営上の課題や悩みを共有し、いかにして家庭とのバランス、会社や事業を進化させていくかを日々話し合っています。エメラルド倶楽部に集まる女性経営者たちは、一人の女性として、実にさまざまな生き方をしています。経営者としての責任を背負うトップの顔には、決して一言では語ることができないストーリーがあります。

その中で気づいたことは、本気で自分を生きている女性は、とても自信に満ちあふれ、「美しい」ということです。そんな姿こそが、これからの女性のロールモデルになるのではないでしょうか。今、日本に残された資源のひとつとして女性の力があると考えます。

一般女性にとって、女性経営者はとても遠い存在で、特別な環境や生まれつきの才能、自分に強い自信を持った人が女性経営者になっている、などと感じている方が多くいると思いますが、そんなことはありません。ただ

本気で現状を受け止め
本気で自分の人生を見つめ
本気で自問自答し
本気で決断する
そして本気でやり続けるのです。

いつしか、その本気が志となり、やがて信念につながっていくと考えます。

本気とは、真剣に取り組むこと。
志とは、心に決めた目的・目標。
信念とは、それを正しいと信じる自分の考えです。

いま女性に必要なものは、本気・志・信念ではないでしょうか。

今こそ、本気で生きている女性たちの姿を発信することにより、多くの方々を励まし、すべての女性が勇気を出していただけるのではないかと思います。

エメラルド倶楽部関西の女性経営者の方々には、ご縁を頂き、この趣旨・目的に賛同して、このたび単行本として自身の生き方・歩みをまとめて頂くことになりました。これから起業を目指す方々はもちろん、老若男女すべての方々に「勇気」をプレゼントしたいと思います。

トップランナーとして、私たち関西の女性経営者の中でも、世界で活躍されているファッションデザイナー、MICHIKO KOSHINO LODONのコシノミチコさんからのストーリーから始まります。そして、関西の女性経営者たち、お一人おひとりのストーリーを創業順でお届けいたします。

この本には〝46通りの夢の形〟と、〝46通りの本気の生き方〟があります。

一般社団法人エメラルド倶楽部
理事・関西支部支部長
福森鈴子

目次

003 はじめに

008	小篠 美智子	㈱ミチココシノジャパン	1975年
018	菅原 智美	(一社)エメラルド倶楽部／㈱浅草ゆかりインターナショナル	2007年
022	福田 和美	㈱ブルースプラッシュ	1985年
026	山崎 美香	(一社)即戦力	1986年
030	國府 淑美	㈲生実薬局／㈲けんみん	1986年
034	佐伯 浩子	㈱ミスプラネット	1987年
038	山川 景子	イヴレス㈱	1991年
042	福森 鈴子	(一社)エメラルド倶楽部／㈲ティ・アール・コーポレーション	1991年
046	嶋原 康子	㈱ピーフォーム／㈱ピーフォームコミュニケーション	1994年
050	中西 理翔	㈱アル・コネクションプロダクツ／フランチャイズステーション㈱／(一社)女性と地域活性推進機構	1996年
054	福西 麻花	㈲フェニックス	1996年
058	大崎 澄子	㈱クリエイティブオフィスピクシー／㈱ナチュレ	1997年
062	山口 里美	司法書士法人コスモ／㈱コスモホールディングス	1997年
066	岡 真由美	㈲ PURENESS	1997(*)年
070	磯崎 雅美	㈲鎌田経営／鎌田・磯崎会計事務所	1997年
074	川崎 昌子	㈱エニーズ	2000年
078	岩阪 弥生	㈱ミューズ☆	2000年
082	西村 有子	㈱ウエスト	2001年
086	黒山 元子	㈱ L・F・C	2001年
090	山田 まこ	㈱コルシス	2001年
094	高橋 智栄	㈲ビューティーフレンド	2002年
098	芳野 順子	㈲ペインティングガレージイル	2002年
102	山本 美穂	㈱ kichi/ ㈱ rise up/ ㈱ Jm	2004年
106	中田 圭子	㈱ fulfill	2004年

110 高山　尚子 ㈱ヒサコタカヤマ 2004年
114 深谷 亜由美 ㈱クロシオ 2006(*)年
118 板谷 國子 ㈱リリヤコーポレーション 2006年
122 榮本 信子 南海ケータリングサービス㈱ 2008(*)年
126 田中 三紀子 ㈱アビリティーズ 2008年
130 渡邊 弘子 富士電子工業㈱ 2008(*)年
134 渋谷 麻衣子 しぶや総合法律事務所 2009年
138 山本 祐美子 ㈲フカガワ 2009年
142 河上 和実 ㈱井野屋 2010(*)年
146 菊本 美和 ㈱笑顔音 2010年
150 花岡 末子 ㈱ハナオカ 2011(*)年
154 阿部 あい子 ㈱ミヤコケミカル 2011(*)年
158 錦 弘美 (一社)酵素フード協会 2011年
162 堀内 麻祐子 ㈱センショー 2011(*)年
166 松浦 鈴枝 ㈱たす 2011年
170 洞渕 美佐緒 ㈱ Treasure Chest/(一社)色彩心理カウンセリング協会 2011年
174 山村 貴乃 (一社)My-do 2012年
178 伊與田 美貴 ラピーチ㈱/ミラガ㈱ 2012年
182 石川 敏子 ㈱ラヴュメール 2012年
186 石尾 麻衣 ㈱ピナコ 2013年
190 白水 千雅 ㈱ Ji-NANA 2014年
194 中田 しのぶ ㈱しのぶれど 2014年

199 おわりに

○右端の年は創業年。ただし、*印は事業を継承した年。
○個性を生かすため、執筆者の原文を基本的に生かして編集しています。

求めよ　さらば　与えられん
門をたたきなさい
開かれます

MICHIKO LONDON KOSHINO　(http://www.michikokoshino.co.jp)

株式会社ミチココシノジャパン　代表取締役会長

小篠 美智子　Koshino Michiko

大阪府岸和田市に生まれ、コシノ ヒロコ、コシノ ジュンコを姉にもち、ファッションデザイナー３姉妹の一人として活躍中。1973年に渡英。ロンドンファッションの創始者の一人、クーパー氏の教えを受け、1975年 MICHIKO CO.を設立。88年、武道館でミチコロンドンのショーを開催。武道館では３回、全部で２万３千人を集客し、大阪城ホールでは１万５千人を集客しました。自身のヒットとして、ニットエッジのフリースコートがあります。84年ギネスブックに認定された、世界で初めてのナイロンとフリースをくっつけたものです。もう一つは87年ライダースウエアをカジュアルなものに、という世界で初めての試みを生み出しました。
こうして、ロンドンはもちろんパリ、ミラノでもショーを開きヨーロッパ各国を初め日本、アメリカのマーケットに進出、成功を収める。常にロンドンのストリートファッションを呼吸しているデザイナーとして日本でもエネルギッシュに活動を展開中。

生まれ育った環境と、価値観

ファッションデザイナー一家・小篠家に生まれ、3姉妹の末っ子の私。全員がデザイナーという環境で、一番年下の私はずっと、母と姉二人のお手伝い。

姉二人の中に入って行くことはできず、完全に一人違うところにいました。昔から「母や姉たちとは違う生き方をするんだ」という想いがあった私は、母にも姉たちにも関係のない、自分だけのものとして、「テニス」を中学校1年生の頃から始めていました。

―永遠に〝マッチポイント3―0〟を取られた気持ちで―

マッチポイントを取られた瞬間の感情を忘れず、ファイトを燃やす。テニスを通して得た、私の生き方です。

一日中自分だけの世界であるテニスに明け暮れていたのですが、いつしか姉二人が東京に出て、母が一人になった時、当時21歳の私はテニスを辞め、母の手伝いを始めました。通いなさいと言われた洋裁学校へは、いざ行ってみると「プロってこんなことしてないわ。ここにいたら時間の無駄。」と判断し、一週間だけ通って辞めました。母の元で手伝いを続け、23歳の時、母の手伝いの延長で、東京にいる姉の手伝いで東京へ。

私はずっと、家族のもとで洋服関係の仕事。お手伝いばかりの人生。―「このまま、どうってことない人生を歩みなさい、というような、人に決められた人生を送りそう…。」ということがずっと頭によぎっていました。でも、「一生こういうことで過ごすのは嫌。今自分の道を拓かないと、うろうろしてたら、やばい！」とも感じていました。

与えられた運命、導き

26歳の時。ある日、姉・ジュンコの店の前で、姉を待っていた時のこと。きれいな女性に「ジュンコさんの妹の、ミチコさん？」と声をかけられた。「自分の想いが叶えられる神様がいるんですよ」と二言目に言われ、私は自分の生き方に迷っているところだったので、「え、叶えられるんですか？」とすぐに聞き返しました。――「叶えられますよ。」

そのまま、「行きましょう。」と電車に乗って2駅、教会へ。ものすごくシンプルな場所で、気持ちが良かった。その日のうちに洗礼を受け、そこで神様が私の人生の計画を導いてくれたことが、全ての始まりでした。――求めよ、さらば与えられん。

洗礼を受けた時、考えもしなかったことが頭をよぎりました。――「私は外国へ行くんじゃないか。」そして、「私の人生も、ある！ここで、本気で、自分の人生を作り上げよう。」

お母ちゃんの訪問　～ポケットからの25ポンド

私は全てを断ち切るため、外国行きを決意。「絶対自分だけにしかできない場所へ行きたい。」自分の周りの物を全て捨て、知り合いはもちろん、身内の何のコネクションもない、誰ともつながらない地…その想いでロンドンを選択。そして1973年11月中頃、何のってもなく、ロンドンへ旅立ちました。当時ロンドンは石油ショックで街全体が大変な状況で、毎日真っ暗でした。はじめ半年〜8ヶ月は英語も話せないので、まずは生活に慣れるためにロンドンをウロウロ。職を求めるも、当時は表に立つ仕事では、外国人として働ける場所がなかった時代。その日暮らしを続け、生活することが、人生で一番きつかった時期です。

この出発は、ゼロからのスタートではなく、むしろ、英語がしゃべれない・お金もない・コネクションもない、おまけにブスとまで言われた、全てが〝マイナスから〟のスタートでした。生活費の尽きた私のもとに、ある日、初めてお母ちゃんが訪ねて来てくれました。生きていくのさえも必死な時の私にとっては、すごいタイミングで訪ねて来てくれたので、その場で大泣きしてしまうほどの喜びでした。「なんとかなる！」―心の中で期待。しかし5日間滞在した母からは何も無く、帰り際、私の方から「何か忘れてない？…お金ほしいんだけど。」と言うと、「あ、そうか。」と〝25ポンド〟をポケットから取り出し、「これしか残ってへんわ！ほな、帰るわ！」と、あっさりと帰って行きました。お金をもらえるだなんて、甘い考えだったのです。そのまま本当に何も残さず、母は日本へ帰国。今でも忘れられない出来事です。

―「明日からどうして生きていこうか…。」25ポンドを眺めながら、〝マッチポイント〟をとられた気持ちに。そこからこのマッチポイントを挽回、人生の挽回を始めました。

デザイナーになって洋服の仕事をしよう、だなんて考えずにロンドンへ行ったけれど、小さい頃から洋服のデザインを描くことは当たり前のことだったので、「デザイナーとしてパターンを書くだけでお金がもらえるなら、何か私にできる仕事があるかも」と考え、生活費のお金を稼ぐアルバイトとして、洋服のデザイン会社へ。

デザイン20パターンほどをつくれば500ポンドがもらえる会社で、私はその500ポンドのために2～3週間で20デザインを納め、そこはさよなら!洋服のデザインという普通のことでいいなら…と、またバイト感覚で次の面接へ。ところが「あんたなんか知らん」と追い返され、手元の500ポンドが底をつき始めていきました。

綱渡りのような人生のはじまり

食べ物もなく、お腹を空かせた私に、ロンドンで偶然出会った日本人デザイナーの友達から食事の誘いが。そこで中国人男性・アントニーと出会いました。

その席でアントニーが「僕今働いている会社辞めるんだけど、誰か紹介してから辞めなきゃいけない。君、いってくれないか。」と言ってきたので、私は面接へ行くことに。いざ面接になると、やはり「あなたをどう信用して仕事を任せたらいいんだ」と言われたので、数日後、姉ジュンコのコレクションのビデオを持って行きました。『これ、あんたのコレクション?』―「NO!これは姉のコレクション。だけど、こんな環境で育って、姉たちと一緒に仕事をしていた私の〝テイスト〟を認めて‼」この言葉で仕事を頂けることになりました。

―私の人生は、「綱渡り人生」。それも、糸のような細い細い綱。どん底へ落ちてしまう寸前に、人との出会いでひゅっと救われていた私は、人生の綱渡り名人かもしれません。

アントニーの言葉から働けるようになった会社は、母親の会社と同じくらいの広さ。テーブルが2つ。家に帰ってきた気持ちになった私。そこに、1人のロイヤルカレッジを卒業したデザイナーが働いていて、それを見た私は「私の方ができる」とはったりをかましました。誰も私の事なんて知らないのだから、何でも自分でアピールしていかなければいけません。

それから私は、捨てるような生地、安い生地を集めます。毎日3メートルを持ち帰り、色を染めて、乾かして、アイロンかけて生地を作り、それで服を作っていきました。次第に、「かわいい服を作る新しい子が居る」とモデルたちの間で話題に。すると会社のオーナーから呼び止められ、服を見せました。みんな良い生地を使っていたのですが、私は安く捨てるような生地を使っていました。それでも、シンプルで、きれいな色が出ていたのです。それが当時珍しかったため、「いいね。コレクションで30着作ってくれ。」と頼まれました。それから私にパターンカッターと、マシーニスト（縫製の人）をつけてくれたので、私は3週間で30ピースを制作。オーナーは服のサンプルとパターンを持って香港にいき、コスティング。いくらで工場で作成できて、いくらで売れるのか調べるために。その後、会社が完成した服をロンドンのエグザビッションに出したら、バカ売れです。
—「ほら、言ったでしょ、あの子より出来るって！」

運命の50ドル

実はアントニーの紹介で面接へいった会社で仕事をする前、私のビザは有効期限が切れる直前で、もちろんお金もない状態だったので強制送還手前の状況でした。もう終わりかな…と諦めかけた時、ふとパスポートを開くと、中から〝50ドル〟が。

50ドル…それは姉のジュンコが紹介された教会の総監督、ビショップ先生から預かってきたものでした。ビショップ先生は先生ご自身の誕生日である1998年3月18日に98歳で亡くなった先生です。私はパスポートに入れていたのを忘れていたこの50ドルのおかげで、2週間を過ごすことができました。

—この2週間の間で、私の運命が変わってしまう出逢いをします。この出逢いがあったから、今でも私はロンドンで仕事を続けることができているのです。

人生を変える奇跡の出逢い

当時、イタリア人、日本人と3人で、シェアフラットで暮らしていた私。一週間に一度、大切な保存食としてお米と冷凍のグリーンピースを購入していたのですが、私がご飯を作っていると同居人の友達が来て、いつの間にか自分の分まで食べられ、いつも私は気分悪く過ごしていました。そんな私に、友人から「あなたもボーイフレンドくらいいないの?」と言われ、悔しくなって、相手を捜しに飛び出しました。

アウトマーケットで、スカーフを売っていた背の高い男性・ピーターが目に止まり、すぐさま私は「金曜の夜、一度でいいから30分でも食事の席に座ってくれない?」と声をかけました。ピーターは、その時約束をしてくれましたが、当日は姿を現しませんでした。

彼はいつも同じところでスカーフを売っていたので、「30分か1時間でもいいから、来週きて!!」と再び誘いに行きました。—すると2回目の金曜日の夜、彼が来てくれたのです。彼のことは、私は何も知りませんでしたが、その帰り道、彼は「ミチコはどこで働いているの?」と聞いてくれたので、「クーパースでデザイナーをしてる。」と答えました。当時私は知らなかったのですが、私が働いていた会社は超有名なデザイン会社でした。そこに入るためにファッションの大学院を卒業するという風潮です。そこから彼と会話がはずみ、当時携帯はないので、会社の電話番号を交換。お互いを知り合うようになりました。

—50ドルを発見して過ごすことができた2週間という期間に、彼と出会えた私。そして私のビザは6ヶ月延びました。その6ヶ月の間に、私は彼と結婚することに。今の私がロンドンに在るのは、この運命の出逢いのお陰です。

その後、デザイナーとして働いていた私は、有名な会社に引き抜かれ、当時世界で活躍する有名デザイナーたちと一緒に働いていました。しかし会社のコレクションの準備中、突然会社が倒産。皆思いがけないことで唖然となりながらも、「みんなで独立しようか」と。そこから独立を決意。現在では皆が世界で有名なデザイナーになっています。

ホームレスのようなボロボロになった自分の姿を見られたら恥ずかしい、かっこわるい、そんな想いが少しでもあれば、私はロンドンへ行っていなかったと思います。「コシノさんのとこの…」と呼ばれることもない、のたれ死にしそうになっても、誰にも知られないことで、自分自身の問題になるのです。だからこそ、生き甲斐があると思った。ロンドンでの生活は飢え死にするような想いになることばかりでした。そんな時の私を訪ねてくれた母が残してくれた25ポンド、そしてビショップ先生が預けてくださった50ドルが、今の私の命をつなげてくれることになりました。

今振り返ると、みんな神様が用意してくれた人生ではないかと思います。

一瞬一瞬の、ちょっとした人との出会い、運命的な出来事の連続で、本当に〝つなわたり〟の状態で今に至ります。

奇跡の連続で、今の私の人生のステージは出来ているのではないでしょうか。私は、生かされて、守られているような感じがしています。祈り、感謝の日々です。

お母ちゃんの教え

母が亡くなり数年後、実家へ帰った時に、一冊の本を見つけました。それはお母ちゃんが88歳くらいの時に書いていた本。─「ミチコがロンドンに行って、多分、ご飯も食べれないほど苦労をしていることではないかと、心配で心配でたまらなかった。会って生活費でも渡してあげようと思い200万を握りしめ、ロンドンへ。でも、このお金を渡すことは恐らくミチコの為にはならないと思い、心を鬼にして、ポケットに残っていた25ポンドだけを置いて、帰りの飛行機の中で大泣きしながら帰った。あれほど辛い想いはしたことがなかった。」

─お母ちゃんが亡くなってから、初めて知った事実です。

お母ちゃんが教えてくれたこと─それは「自分の観念して決めたことは、どんなにヘトヘトなろうが、飢え死にする想いになっても、やり遂げなさい。全ては自分自身の問題である。」ということ。

乗り越えられない試練は現れない

一般社団法人エメラルド倶楽部　代表理事
株式会社浅草ゆかりインターナショナル　代表取締役
菅原 智美　Sugahara Tomomi

日本最大女性経営者団体　一般社団法人エメラルド倶楽部　代表理事。
持ち帰り唐揚げ最大手「浅草　縁」のＦＣ本部㈱浅草ゆかりインターナショナル　代表取締役も務め、起業ノウハウ・資金支援を通じて女性の起業推進を展開中。

一度の人生、本気で挑戦し、生きた証を残したい

事業で成功されている恩師から出された2つの質問が私の人生を変えるきっかけになりました。

「もし、あと3ヶ月の命と宣告されたら、あなたは何をしますか？」

当時、私は目の前の事に精一杯で大きな視野で何をして生きていくのか考えたことがありませんでした。たった3ヶ月の余命であれば、もちろん悔いのない何かをしないと。生きてきた証を残したい！でも何をやればいいんだろう？少なくとも今のままではいけない・・・不思議なものです。3ヶ月の命と言われれば、すぐにやるべきことをやれるのに、いつ何が起こるかわからない昨今、今、やらないのはおかしいと強く感じた瞬間でした。

恩師の2つ目の質問、「あなたは、魂が喜ぶことをやっていますか？」

常にワクワクする生き方、それができればどんなに幸せなことでしょう。この2つの質問を真剣に考えた結果、すぐに起業することを決意しました。そして私のやりたい事、「自分のように躊躇して生きている女性たちが活躍できる世を作りたい！」という想いから、エメラルド倶楽部を設立しました。起業から8年、わかったことがあります。2つの質問に対する回答は、自分の成長とともに変わっていきます。一度、「心からの本気」をスタートさせた人には神様がどんどん次のステージを用意してくれるようで、常にワクワク感で、挑戦し続けています。

女性の力が社会を変える

〝事業を通し誰の笑顔を見たいのか?〟そう考えた時、まさに志の高い成長意欲のある女性達の笑顔を見たい! そう強く想います。そしてその笑顔を増やす事こそが、女性が活躍する社会を創り経済が活性化する事につながります。その活動こそが女性経営者エメラルド倶楽部です。私は、エメラルド倶楽部の運営を通じ多くの経営者にお会いし成功者には共通点があることがわかりました。

1、プラス思考　2、行動が早い　3、夢が明確

この3つが揃っている経営者は必ずと言っていいほど事業成功し、かつとっても楽しそうなのです。また、私のもとには、これから起業したいけどどうすればいいか? と言った相談がよくきます。彼女たちの共通点は、自分の事業で儲かるイメージを描けずプラス思考になれない、そして行動が遅い、結局夢が曖昧だったりします。エメラルド倶楽部から女性の成功者がどんどん輩出されロールモデルとなり起業したい女性の一歩踏み出すきっかけとなるそんな形こそがとても理想です。

エメラルド倶楽部の具体的な活動としては、会員様同士の交流を図るランチ会があります。ランチ会では沢山のコラボレーションがうまれています。女性経営者の特徴として、自分があったらいいなと自分が必要な事を事業にしている事が多いのです。ビジネスのターゲットが同じ女性であるのでコラボレーションがうまれやすいのです。そして、ビジネスだけではなく真からの仲間ができるのも特徴です。経営者は孤独です。同じ苦労をしていたり乗り越えたりしている仲間がいるからこそまた刺激を受けパワーを頂き今日からの活力につながります。

海外ビジネス視察も定期的に開催しています。海外にはビジネスチャンスをとても感じます。海外に進出したいが情報がない、つながりがない、方法がわからないそんな方は多いです。ビジネス視察を通し海外で活躍している日本人の女性経営者と交流し情報交換する事で海外進出も具体的に進んでいきます。これからエメラルド倶楽部は全国、世界へとますます仲間を増やし社会的に意義のある会へと成長していきます！

本気が周りを動かす

本気になると必ず協力者が現れます。私もそうでした。現在の私があるのも周りのご協力頂いた皆様のおかげでありとても感謝しています。夢は明確に描くと必ず現実化していきます。漠然とした夢ではなく具体的にいつまでに何をと決めせっかくの一度の人生悔いのないように挑戦して欲しいです。

女性経営者エメラルド倶楽部は、1人でも多くの女性が夢である起業を実現化し活躍する社会を作りたく活動しています。あなたの夢の実現をサポートいたします！

我に百恩あるを知る
せめて一恩を報いん

株式会社ブルースプラッシュ　代表取締役

福田 和美　Fukuda Kazumi

85年創業。タレントキャスティング、イベント等の企画・運営で、夢と感動を与えるオンリーワンをつくる。09年㈳ストリートダンス協会設立。日本中学校ダンス部選手権、日本高校ダンス部選手権、ストリートダンス検定の企画・実施。

携帯の無い時代、日夜電話との格闘！

20代、新卒の頃の私は「人との出会い」や「変化」が大好きで、自ら過酷な営業を志願し、異動。それはまあ厳しい世界で、毎日10時間を2年間、全力でした。営業を終えた時点で、何になりたいのか、どんな仕事をしたいのかがわからなくなった私。ちょっとアルバイトをして休もうということで、学生の頃に経験があったモデル・タレント事務所に所属しました。そこからは成り行きで、この業界で85年に独立。

スタートは、反対する親と生活する実家で、自分の部屋に一台の黒電話をひいたのが始まりでした。仕事を取りにいかなくてはなりませんが、当時は携帯も留守電も無かったので、派遣する女の子を捕まえることに一番苦労しました。「なんで電話に出てくれないのー！」、『今日は帰ってきません』…「えーーー!!」という日々。夜中に電話が鳴る！という瞬間は、親に迷惑をかけるので、リーンと鳴る前の「チン…」という機械音で受話器を取っていました。外出先でも急遽モデルの手配で電話ボックスに2時間こもったり、現場に駆けつけたりと大変でした。最近では、東北の震災時に全てのイベントが中止になり、1億円以上ものキャンセルで、初めての赤字になりましたが、どうにか乗り越えました。

お蔭様で東京・大阪ともに、今日に至ることができております。

100年続く、〝夢と感動を与えるオンリーワン〟をつくる

弊社はタレントプロデュースを中心とするイベント企画・運営をしています。経営理念〝夢と感動を与えるオンリーワンをつくります〟に基づき、これまで弊社でつくってきたもの――「日本中学校／高校ダンス部選手権」、「アニダン」、「リリシック学園」等が長く続き、皆さんに夢と感動をあたえるようなイベント・タレント＝〝オンリーワン〟を育てることが日々の目標です。自分のオンリーワンを育てないと、弊社を選んでくれる意味がありません。そして、そのオンリーワンで「ありがとう」と言っていただけることが、やりがいにつながると思っています。

「日本中学校／高校ダンス部選手権」は、１００年続けます。高校野球の甲子園大会のように、１００年続くものにしていこうと考えています。私がいなくなっても運営できるような会社を残せるように力を注ぐ――私の進むべき道・やらなければならないことが、具体的にはっきりと見えています。自分の進むべき道だなんて、20年間わからなかったけれど、今、ようやくです。お蔭様で、音楽・ダンスは、弊社の強みになってきています。

お金ではなく、手間をかける〝おもてなし〟

２０１４年で弊社は30周年を迎えました。起業して、続けるということはかなり難しいことです。弊社が続くことができた理由、数ある同業者の中で弊社を選んで頂けているポイントは、「女性ならではの心遣いをしてきたところ」ではないかと思っています。当初は資金力がなかったので、

お金はかけずに、手間をかけました。無理をしない心遣いだからこそ、長く続けることができています。今でもお客さま一人一人に合った記念切手を選んだり、全ての請求書に一筆を添えたり。お中元・お歳暮には毎年違うアイデアで、相手がワクワク感を持って頂けるプレゼントをラッピングして、お届けしています。

変化を楽しもう！―変化は成長のために必要なもの

私が30年間この仕事を続けられた原動力は、〝たくさんの人に出会えること〟です。そして、1回1回が違う現場のため、〝変化〟があることで終わりはなく、成長していくことが出来るからです。刺激的！勉強できる！楽しい！の連続を、楽しみながら仕事をさせて頂いています。

お金をかけるな、見栄を張るな

女性は、無理をしてはいけません。家賃を払えるだけの仕事ができたら事務所を借り、自分一人で仕事が回らない量になったら人を雇いましょう。無理をすると、続きませんから。無い物ねだりをしないで、チャンスがきた時のために、コツコツと準備をする。私は目の前の事を一生懸命やってきたから、その次が来たのかなと思います。そして、人とのつながり・ご縁は大切にしてください。お世話になった人へのご恩は忘れてはいけません。

人生は決断の連続。自分を信じる力が全て他人に勝たず自分に勝つ

一般社団法人即戦力　代表理事

山崎 美香　Yamasaki Mika

初創業から18年。4社の法人を起業。現在は全ての事業を承継。
非営利団体（一社）即戦力の代表理事。
現在第2創業にてスモールビジネスの創業支援会社㈱香をパートナー達と設立。
個人では海外進出を決め半移住生活しながら準備中。

人生のどん底を経験。自分で未来を切り拓く力が欲しかった

私の両親は会社経営者でした。幼い頃の私の夢は、両親のような忙しい経営者ではなく専業主婦になることだったので、22歳で結婚しました。２人目の出産が目前の26歳の時、突然電話が入り、両親の会社が破綻したことを知らされました。会社には１６０人の社員と、12億の負債の残務処理だけが残っていた状態でした。

経営に無知な当時の私は、両親を守りたい一心で実家を手伝いに通い、家族と会社の課題に立ち向かっていました。そのことで夫婦間がうまくいかなくなり、離婚しました。当時26歳、抱えた課題を解決したく、「最善の環境を整えるため」に離婚して、子どもを義母に育ててもらうことにしました。これが私の人生最大の覚悟、決断でした。

今の幸せな自分があるのは、一生懸命に学び、人と関わり、働くことで自分を知ることができて、〝自分の望む幸せの形〟が見えたから実現できました。最初はがむしゃらに働くしかありません。ほとんど仮眠生活、３年半かけて数千万の負債を返済しましたが、負債持ちの私には社会的地位がありませんでした。30歳で自分の幸せを考え、「家族の家を購入」を目標とした私は、社会的地位や金融機関への信用を作る「黒字経営を5〜7年」を目標に、両親が失敗した「法人」を作る決心をし、継続黒字を目標に、〝支出を抑え、右肩上がりの決算書を作る経営〟を7年続け、２軒の家を購入し、購入後は高額報酬を得る仕組みを作り、完済していきました。設定期間報酬をいただき、目的は完了しました。

最良の組織づくりへのこだわり

私が作る組織では、これまでの経験から痛感した「互いが納得して働ける環境づくり」のために必要な知識として国も企業も従業員も思いは皆同じ「良くなること」と信じ、「自分の未来を切り拓くために必要な知識」を共有知識として学びます。不安は知識や経験、仲間がいることで軽減できます。自立を目指す人材を育成することで、共に未来を共生できる仲間作りに力を注いでいます。

自分の選択に責任を持ち、役割を果たすことに全力を尽くす

私が（一社）即戦力を設立してから、なんと誰一人として従業員は辞めていません。これは、私が会社のルール・経営のルール・世の中のルールを徹底して社員に伝え続けてきたからだと考えています。全員が会社の仕組みを理解し、自分の「選択」に責任を持ち、その中で自分の役割を果たすことに全力を尽くす。皆が平和になり、会社に良い空気が回ります。これから私は、自分が伝えることができるものを、社会のために活かしていくという役割を果たしていければと思います。

〝スモールビジネス仲間〟

私は、楽しく生きている方々との出逢いを、国内外かまわず楽しみたい！と思います。（一社）即戦力で非営利活動を通じて就労支援を行う一方で、２０１４年に新たに設立した㈱香を通じて、〝スモールビジネス起業支援〟を行い、スモールビジネス仲間を増やしていきたいと考えています。

というのも、会社経営（スモールビジネス事業）を通じて経営にチャレンジした仲間が増え、お互いが経営者になることで、〝将来、一緒に出来ること〟が増えます。そのことで、未来にいろいろな〝可能性〟が生まれると確信しているからです。そうしながら、プライベートではいろいろな土地での生活を楽しんでいきたいと思います。

世の中は〝仕組み〟と〝人〟でできている！　それを理解し「活用できる自分」をつくること

雇用する方もされる方も、一緒に目指す方向は同じで、「お互いが良くなること」。そこに向かうには、お互いが知っておかなければいけない世の中の「ルール」があります。その土台を知った上で、自分の人生を設計してください。そして必ず、「自分の幸せは何か」を考えてください。また、自分の未来を切り拓いていく時、社会の中で生きていく時には、必ず〝人〟との関わりがあります。〝人を理解する力〟を身につけておくことで、自分がいる環境を活かす力にもなり、更なる成長につながります。皆さんには、自分の選んだ企業を通じて、お互いの未来を良くするために、お互いが納得して働けるようになってください。これからの女性にはぜひ、必要な学びと共に未来を開拓する力をつけていただきたいです。

悟り得て　心の意図解き
己が才知る
楽に生く術　人に伝えん

有限会社生実薬局　代表取締役
有限会社けんみん　代表取締役
國府 淑美　Kokufu Yoshimi

㈲生実薬局、㈲けんみん、代表取締役。1男1女1夫を持つ主婦。自らの人生を通して人生の在り方を哲学する。その中に悦びを覚え、得た真理を皆で享受すべく様々なセミナー開催やこころのアプリを制作。

「本当に大切なものって何？」～ビジネスで初めての失敗と家庭の崩壊

私は23歳で初めての調剤薬局を開局しました。30代までは想い通りの人生。力が有り余っていた33歳の私は「自分から人の人生に関わりたい」という想いで、新しい薬局―〝相談のできるドラッグストア〟を開業しました。

それまでビジネスで失敗することなんて頭の隅にもなかった私でしたが、人生はそうは問屋が卸しませんね。人の流れがない場所に構えてしまった薬局―集客が極めて困難な場所でした。「ビジネスってこんなにしんどいものなのか」…初めての重い経営課題に頭を抱えました。

しかし私は家庭には一切！力を抜かず、妻・母としてのことを全てやった上で朝までフルに動き続けました。あの時どうやって生活していたか覚えていません。…でもこんな日々を続けていると、静かに音を立てずにほころびが出て…ある時、ガサッと音を立てて家庭が崩れました。

「〝そもそも〟何のために仕事をしているのか」―その時の私は「周りのみんなが幸せになるため」という勝手なこじつけをしていました。今だから言えます。―全部、「エゴ」です。私は〝本当の幸せ〟、〝一番大事なもの〟を一切見ていませんでした。離婚話になり、その瞬間本気で人生を立て直すスイッチが入りました。「今私が力を注ぐべきことは何か」…私はスピリチュアル世界に答えを求めました。

現在、精神世界で得た真理を〝アーユルヴェーダ〟を通し、〝幸せとは何か〟をテーマに〝生き方〟を伝えています。

スピリチュアル世界への気づき～第2の人生がスタート

30歳から40歳までの期間は、私にとって「今までの価値観が少しずつ変化し、第2の人生がスタートしていった期間」のような気がします。自分自身を救ってくれる何かを探し求め、インターネットで見つけた一件の検索結果が、私が「精神世界」を覗く入り口となりました。自分の理屈にあう、納得できる答えを探し続けました。当時は家庭に差し障りの無いレベルでしか自分の薬局に関われず、結果2つの薬局を閉局することに。〝これまでの私〟の終止符ですね。そのまま何か確信を持ち続け、自分が求めるものを探し続けた果てに、40歳の時――「人生を科学する〝アーユルヴェーダ〟」を仕事としてスタートさせました。

私の使命

アーユルヴェーダのサロンを通して、人を治す・ケアする。…心の問題のケアから、人生そのもののケアに広がっていきました。現在はスピリチュアルなことも含め、私だからこそ提供できるものを世に出していくことに全力を注ぎ、邁進しています。様々なセミナーを開催し、コンテンツとして携帯アプリ「サトリ」、「ココロ楽なーる」の開発も行いました。「私には人に伝える使命がある。」――〝真の幸せとは何か〟を伝えて行くことが、私の役割であり、これからの目標です。

欲しかったら、取りに行ってみたら良い

大学卒業直後、「あ、これビジネスとして絶対面白い」と思い薬剤師として働いていた調剤薬局。オーナーが店を閉めると言った瞬間に、どういうわけか「お店、売ってください。」と言っていた私がいました。（当時の通帳残高2万3千円。）「やってみてあかんかったら、別の手段を試せるやん」という発想で、目的が在れば、それに向かってスタートするだけ。あれこれ考えるよりも、まずやってみる。一歩踏み出せばそれまで見えてなかったものが見え、景色が変わります。それからまた考えればいいのです。私たちの人生は「今」の積み重ねです。「今」にしか本当の力を発揮できないのですから、あれこれ憂うより、まず「行動」ですね。

この世界に無駄なものはひとつもない

痛み―心や身体の痛み、不快な気持ち―私たちにとって好ましくないものには、必ず、その瞬間の自分へのメッセージ・意味がある。私はそう考えています。「自分が味わっている痛み・不快感は、私に何を伝えようとしているのだろう？」一度考えを巡らせてみてください。それらを避けても、結局ぐるぐると負の状況を巡り、何の〝発展〟も生み出しません。一歩前に進むと、怖がっていたものも、怖くなくなりますよ。「不快な感情は、私たちを成長させるチャンス！」―そこにはたくさんギフトが詰まっているのです。「ギフトとして受け止められるかどうかが、人生の質を左右する！」その嫌な感情…不快感、痛みに、向き合ってみてください。

最初の出会いは機会です
再会こそ本当の出会い！

株式会社ミスプラネット　代表取締役

佐伯 浩子　Saeki Hiroko

87年大阪市にて会社設立。生花のブライダルブーケを形に残すことをはじめ、花に関連する商品開発、他業種とのコラボレーション商品開発、販売。押し花インストラクターの資格取得から、多くの技術者を育成。

一生の思い出をカタチに

結婚式―おそらく多くの方にとって、生涯で忘れられない思い出の1日がこの日であろうと思います。私の会社のスタートはまさしく私自身の結婚式です。―私が花嫁として手に持った生花のブーケは、現在も弊社の信頼なるデザイナーとして私を支えてくれる親友が作ってくれたものでした。それはそれは、見事な美しいキャスケードブーケ。しかし、生花ですから時間が経てば萎れて色も変わります。その時感じた強い想い―「このブーケを形に残したい！」これが今のビジネスの始まりの瞬間であり、同時に生みの苦しみのスタートでした。

そこから私は取り付かれたように、生花のブーケを形に残せる手段＝色も形も美しいまま残す事が可能な〝押し花〟の技術を学べる先を捜し当てました。そして一心不乱に技術を学び、美しい生花を、長い間、美しいまま残せる押し花技術を習得し、商品化へ。しかし商品制作は典型的なアナログな仕事の為、注文が増えれば当然、技術者と製作場所が必要になりました。起業当初は自宅兼、事務所兼、作業場でした。ほぼ毎日午前2時や3時まで製作と事務処理と資金繰りに明け暮れ、会社と自宅が分離するまでの2年間はプライベートな時間は全く無かった気がします。その時代を無我夢中で走りぬけた自分と、スタッフの力が基盤となり、かけがえのない思い出をカタチにする〝世界にひとつ・オンリーワンの商品〟をお届けし続けています。

女性の人生そのものを共有しながら、チームで最高の商品を作る

弊社は２０１４年で創業27年目を迎えました。14年時点での受注累計本数は３万本以上。現在も基盤はブライダルブーケを〝リメイクして形に残す〟ことです。リメイクの手段にドライフラワーが加わりました。その他フラワーギフトの通販、産地直送の胡蝶蘭の販売、異業種企業様とのコラボなど、花に関連する事業内容も増えています。

創業当初は生花のブーケを形に残すなんて誰も考えていなかった時代。目の前に広がる真っさらな市場をしっかり掴んで、〝絶対に売れる〟という熱い気持ちで営業に奔走しました。良い商品だという賛同のお声も多くいただき、結果、関西の主要なホテル様に店舗をお持ちの数社のお花屋様との契約が取れていました。

それから、27年間、弊社は営業以外の全員が女性の職場です。花に関連する事業展開ですので当然かもしれませんが、女性の感性が集約されている職場だといえます。年代も30〜50代、既婚者、独身者、子供の有無、親の介護中など、まさしく女性の人生そのものを全員で共有しながら仕事をしています。人生に訪れるイベント、降りかかる問題、その時々で仕事へのスタンスを変化させざるを得ないのが女性です。それを皆でカバーしあいながら、最高のパフォーマンスで商品としてお客さまへお届けできるという点が弊社の一番の強みです。

また、押し花インストラクター、ＮＦＤなど、製作に携わるほとんどのスタッフが資格を取得した裏付けのある技術者という点も、クオリティに自信を持ってお届けできる要因です。

30周年を目指して

振り返れば、はじまりは20代後半の時。怖いもの知らずに突き進んだあの時代があるからこそ、今があるのかもしれません。それから四半世紀を超えて続く私のブライダル押し花ビジネスは、幸せを商品として形に残す仕事です。人生の半分を共にした仕事ですから、これからの人生もそうありたい。また手段が変わっても、花が幸せと結びつく何かの橋渡し役が私の人生かなと思っています。誰かの喜ぶ笑顔が見たい、それが私にとっての人生のような気がします。心を癒す力はもちろん、時には仕切り直しのきっかけにもなるような力を持つ花と向き合いながら、来たる30周年を目指します。

今、扉を開こうとする女性たちへ

時代や環境に左右されない強い意志、素直な心と学ぶ気持ちに自信があるならばそのまま進んでください。失敗やトラブルを恐れないで、迷ったときには助けてくれる先輩や仲間が必ずいます。

あなたの人生はあなたが決めればいいのです。失敗ではなく、後悔のない人生を！

成功したと思ったら
そこで終わり
成功するまで走り続ける

イヴレス株式会社　代表取締役

山川 景子　Yamakawa Keiko

大阪府生まれ。ミニコミ誌編集部などを経て、1990年にイヴレスを創業。日本で唯一、大手有名ホテルを中心に客室備品の企画、製造、トータルコーディネートまで一気通貫で手掛ける。売上高は約3億円、従業員8人。中国・青島にも拠点を持つ。

タイ・バンコク、チャオプラヤー川を眺めながら考えた

私はそもそも雑誌の記者をしていたのですが、今は縁あってホテル関連の仕事をしています。人生って、どこでどうなるか分からないものですね。でも、自分さえ投げ出したりしなければ、自ずと進むべき道が見えてくる。私がそうでした。

私は20代のとき、ミニコミ誌の編集部で記事を書いていました。学生時代からやりたかった仕事だったものの、当時任されていたのは広告の記事ばかり。そんなとき、隣の席に坐っていた同僚に「一緒に独立しない？」と誘われたのが、創業のきっかけです。

私たちが始めたのは、編集プロダクション。仕事自体はたくさんありましたが、いつまでたっても自転車操業の域を出ない。友人は会社を辞めていきました。でも私は辞めなかった。家庭の事情で、私がお金を稼ぐ必要があったからです。

私は本気でした。甘い考えで事業をしている人とは違う、そう思っていました。だからこそ人一倍もがくことが多かったように思います。人生を変える転機になったのは、旅行誌の取材でタイ・バンコクに行ったときのこと。市内中心部を流れるチャオプラヤー川を眺めながら「私は何がしたいの？」と自分に問いかけ、天職とも言える今の仕事にたどり着いたのです。

経営者になって25年。「日本の未来を変える！」とか大げさなことは考えていません。ホテルの仕事を通じ、日本流おもてなしの一助になれたらと願っています。

旅行が好き、ホテルが好き、デザインが好き

そもそも私は旅行が好き、ホテルが好き、デザインが好き。国内外の様々なホテルに宿泊しては「よくできているなあ」「こんなものがあったらいいのに」とよく思っていました。そうした自分の好きなことをカタチにしていったのが、イヴレスです。

イヴレスは、大手有名ホテルを中心に客室備品の企画、製造、トータルコーディネートまで一気通貫で手掛ける日本で唯一の企業です。ホテル開業やリニューアル前の設計段階からチームに加わり、デザイナーや設計士と話し合いながら、ホテルのコンセプトや客室インテリアに合わせたデザイン、色、素材の備品をオーダーメードでご提供しています。

ホテルは宿泊客に非日常を提供する場所。だから実用性ではなく、デザインや質感にこだわった製品を作ってきました。おかげで今では数多くの有名ホテルで採用されています。

イヴレスにとっては２００２年以降、東京を中心に、外資系高級ホテルが相次いで進出してきたことが転機となりました。旧来のしがらみに捉われず、作品力と提案力で、私たちのような業界の新参者にも様々なチャンスを与えていただけたからです。

製品裏の「IVRESSE」の刻印。作品が一人歩きし始めた

もし素敵なホテルに泊まる機会があったら、ぜひデスクマットやアメニティボックスなど客室にある備品の裏を見てみてください。もしかしたら「IVRESSE」という文字があるかもしれません。

当社では数年前からオーダーメードの証として、製品にこの刻印を施しています。最近では、宿泊先でこれに目に止め、客室備品の全面リニューアルを任せてくれたホテル経営者の方もいらっしゃいます。私たちの作品を掛け値なく評価していただけることは、この上なくうれしいことです。

恥ずかしがらず躊躇なく変われる勇気

創業した25年前、資金も人脈も知識もありませんでした。販路開拓の壁は厚かったし、資金繰りに苦しみ、大幅に事業を縮小したこともあります。それでもここまで続けてこられたのは「編集者はあかんな」と思って今の仕事に乗り換えたように、恥ずかしがらず変われる勇気があったから。経営者としてやってはいけないのは、諦めること。自分さえ駄目だと思わなければ、会社は継続できる。古いかもしれませんが、商売で一番大事なものは根性です。強い気持ちを持つ自分さえいればいろんなことができるよ、と若い女性のみなさんには言いたいですね。

己を知り
己を活かし
己に生きる

有限会社ティ・アール・コーポレーション　代表取締役
一般社団法人エメラルド倶楽部　理事
福森 鈴子　Fukumori Reiko

美容業界における眉の専門スクールのパイオニア、ジャパンブロウティストスクール代表をし、全国展開を行う。Ista(アイスタ)商材メーカー・サロン運営。そして、一般社団法人　エメラルド倶楽部理事兼関西支部長として女性経営者を集める。

自分も他人も知らない、自分の人生の始まり

私は、24歳の頃、娘2人、夫婦で通信販売の代理店の会社を立ち上げました。順調に会社が伸び始めた矢先、元会社が倒産。ここから波乱万丈な人生の始まりです。共に起業した夫とは離婚。私が代表になり、悪化した経営状態の立て直しと、多額の借金返済を担いました。

日々、朝から夜中まで働き、子供は再婚した父に預け、夜中に迎えに行く毎日。私は、母親失格と罪悪感を持ちながら、仕事をする日々を過ごしました。ある日、仕事に車で向って走り出した時に、ふとバックミラーを見ると、「お母さん、お仕事頑張ってね〜!!」と、娘が全力で走りながら手を振っている姿が映っていました。その瞬間、私は、胸に突き刺さる思いで、そのまま車を止めずに走り、「絶対に!幸せにしてあげるからね!」と心に誓い、一大決心をしました。早く借金を返し、経済的な余裕ができるまでは、母の実家・五島列島に転校させることになりました。

私が28歳、それからというもの寝る間も惜しんで、本気で会社の売上げを伸ばすことだけに専念し、事業も全国展開し始めました。娘2人に会えるのは毎月1回。帰りのフェリーで別れる度に親子で号泣。その度に、「必ず一緒に暮らせる日が来るまでママは頑張るね!」——この約束で、私はどんなことがあっても諦めずに前へ進み続けました。やっと約年商8億までの規模になって安定した時、8年間待たせてしまいましたが、念願の子供と一緒に暮らせるようになりました。人生で初めて本気で自分・母・仕事の責任として、何が正しい答えか自問自答し、その答えに対して本気で決断、本気で立ち向かった20代となりました。

長年かけて、行き着いたオンリーワンの完成

㈲ティ・アール・コーポレーションでは、ワックスを使用した眉のお手入れ「アイブロウワキシングケア」の専門家〝ブロウティスト〟（商標登録）を育成する、【ジャパンブロウティストスクール】を全国展開しています。

アイブロウでビジネスを始めた当時は、まつ毛エクステンションの需要もなく、もちろん眉のお手入れなんて絶対に流行らないと言われながらも、自分を信じ続けました。そんな中で長年、眉のお仕事をさせて頂いていると、性別年齢問わず、眉毛に関しての悩み・コンプレックスを抱いている方が多いことに気づきました。そして、眉は外的要素（デザイン）だけではなく、〝内的要素（精神面）〟が、かなり関係しているのではないか、と考えるようになりました。眉に関しての奥深い理論を説いているものはありませんでしたが、「眉には人格まで表す意味があるのではないか!?」と確信し始めた私は、観相学の権威・藤木相元に弟子入りし、眉と、脳・精神的なつながりを徹底的に学びました。

すると、眉ひとつで人相も変わり、印象が変わり、人生までも変える力がある！ということが解り、「istaアイブロウフィロソフィー（眉の哲学）」を創り、その哲学に基づいたカリキュラムと、認定試験制度を構築しました。

女性から男性へ、日本から世界へ

眉は奥が深いパーツで、人の顔の印象を変える、錯覚させる力があります。そのためのプロを本格に育成できることが弊社の強みです。眉は、性別・年齢も問わない市場があり、現在ようやく注目されてきました。美容室、まつ毛サロン、ネイルサロンで眉のサービスが導入され、全国各地でブロウティストが誕生しています。

男性も〝身だしなみの一つ〟として、当たり前に眉をお手入れする時代になり、現在はメンズ眉サロンも急激に伸びてきています。眉の力を知らない方へ、ブロウティストを通じ、「未来のなりたい自分の顔創り」を提供します。そして、少しでも自分に自信を持って生きることのお手伝いを、日本から世界へ発信していきます。

これからの日本女子は、自分哲学をもつ時代になる

「己を知り、己を活かし、己に生きる」―私の自分哲学です。人と比較したり、常識や環境に左右されず、自分自身をもっと内観することに、時間を使ってあげて下さい。自分の長所を知り、それを徹底的に伸ばしてあげましょう。そして自分らしく生きて下さい。本来の自分に出会えば、どれほど美しく、楽しく、楽に生きられるか！自分に嘘をついて生きていくことほど、苦しいものはありません。そんな方は一生〝誰かのせい〟にして生きます。あなたの人生は、あなたでないと道は開けません。常に〝自分を内観すること〟を大切にしてください。

人任せでは始まらない
自分を信じ自分で動いて
初めて理想が追求できる

株式会社ピーフォーム　代表取締役
株式会社ピーフォームコミュニケーション　代表取締役
嶋原 康子　Shimahara Yasuko

イベントMCとVIPアテンドの経験で「伝達」と「ホスピタリティー」の重要性を学び、講師業に着手。平成6年イベント業㈱ピーフォーム設立（起業平成4年）。平成18年人財育成業㈱ピーフォームコミュニケーション設立。

全てのリスクを一人で負う覚悟が、私を本気にさせた

ピーフォーム設立のきっかけは、20年前、「一緒にイベント会社をやらない？」の知人からの軽い誘いの言葉でした。当時私は、起業に対する好奇心だけで二つ返事をし、直ぐに二人で立ち上げの準備に入りました。ところが準備に入るや否や、知人が「やっぱり止めよう。周囲から止められたの。ビジネスなんて男性がやっても旨くいかないのに、素人女性二人で成功するはずがないよ」と言ってきたのです。

起業に興味があった私にとって、知人の誘いは渡りに船だっただけに、とても残念でした。「やってみたい」でも、一人で続けることに対する不安と、周囲からの反対のアドバイス・・・その時ふと、「今ここで止めると続ける、どちらが後悔するか？今までの人生で、これはやり切った、と自分自身に言いきれることが何かあっただろうか？」と自問しました。

すると、答えが明確になり、一人で続ける決心がつきました。

一人で続けるには、様々な面で発生する全てのリスクを、自分一人で抱える覚悟をしなければなりませんが、その覚悟を決めた瞬間、不安が期待へと私の意識が大きく変わり、本当の意味の「本気」が現れたように思います。更に「本気」は一歩踏み出すことでパワーを増し、私に様々な気付きを与え、私を成長させてくれました。

難しそうな事は単純に考え、勇気を出して一歩踏み出す

学生時代、デザイナーになりたかった私は、イベントユニフォームの企画に着手しましたが、当時のトレンドタレントや有名アーティストの衣装を手がけている友人との共作が、クライアントの興味をひき、売り上げに繋がったと考えます。しかしイベントは、安定した売り上げ確保が難しいため、当時上り調子だったアミューズメント業界にも企画を売り込むことにし、「折角なら全国展開しているゲームセンターに・・」と、頭に浮かんだのが、〝セガ〟㈱セガ様）でした。立ち上げて間もない個人商店が、何のコネもなく一流企業に飛び込んだ、その方法は至って単純で「電話番号が分からないときは電話帳で調べるか104で聞く」時代、直ぐさま104に電話をして「ゲームセンターのセガの電話番号教えてください！」と言ったのを覚えています。幸いなことにアポイントが取れ、訪問に至り、初訪問で小さな注文も頂けました。その注文を信頼づくりと思い、誠心誠意、感謝の心で取り組みました。

その後ある日のこと、私がいつもの通り事務所に出勤したところ、当時ロール紙だったFAXが、まるで爆発したかのように紙に埋もれていて、「誰？同じFAXを何十枚も送ったのは・・」と不満げにFAXに近づくと、それは北海道から沖縄までのセガ様全店舗からの発注書でした。実績が信頼になり、信頼が更なる実績を生んだ瞬間です。思わず涙がこぼれました。

モチベーションは自分への期待

イベントをトータルでプロデュースする弊社は、ユニフォームと共にそれを着用するスタッフ派遣も行っており、派遣スタッフの教育に力を注いだことがきっかけで、平成18年、人材育成会社㈱ピーフォームコミュニケーションを設立しました。更に現在、ビジネス対応力を測る新たな基準を創る為、非営利団体の立ち上げを計画しており、これは生涯かけて育てていくつもりです。従来の業務は、分野毎にベテランの社員に、こちらから独立を促します。安定収益が確保できた独立ですので、既に二人の社員が起業に成功し、更に成長をしております。

勿論、私の20年のビジネスは、順風満帆だったわけではなく、壁にぶつかることも沢山ありました。その時はモチベーションが下がらぬ様、自分自身に期待をし、それがどんな内容であれ、「経営者なら誰もが経験すること」と受け止め、乗り超えて来ました。

自分にとってどんなに高い壁でも、何が何でも乗り越えようと「本気」で臨んだ時、知恵が湧き、知恵が勇気に変わり、勇気の力で工夫を楽しみ、楽しみがあるから継続できる、私はそう感じております。

最後に、自身の枠を取り払って、勇気を持って「起業」にチャレンジする女性に、私は心からエールを送ります。

ひとの出会いこそ人生の全て。ご縁を大切にするひとに未来は拓かれる

株式会社アル・コネクションプロダクツ　代表取締役
フランチャイズステーション株式会社　取締役
一般社団法人女性と地域活性推進機構　理事
中西 理翔　Nakanishi Lika

ウェブサイト分析、ネット広告管理をメインに企業サイトの売り上げ・問い合わせアップサポートサービスを提供中。23ヶ国にサービス対応。ITを活用したワークライフバランスを、小さな子どもを持つ女性、高齢者、障害者の方のテレワーク構想を推奨。

後悔しない働き方を。環境は自分で拓く

起業するまで、実に沢山の職種に携わり、30歳の時、割烹料理屋をオープン。この時に自ら考えたサービスがカタチになる面白さを体感し、その後は現在の会社のもととなる個人事務所を創設。起業・妻・母デビューの3つが同時という波乱のスタートでした。起業して、翌年に長女、三年後に長男を出産し一度も産休を取らず。

２０００年頃の携帯コンテンツはまだ未知の分野。コネもノウハウもなく、IT関係イベントにボランティアで参加し、通信キャリアの役員の方をセミナーの講師として招く企画を立案。「これは人生のチャンス！」と企画書を持って猛アピール。チャンスは自ら創るものと確信しました。それからは携帯で買い物ができるECサイトを5つ連続でリリースしますが、同時に３６５日働き、ある日曜日、子どもたちが近くのスーパーで、まるでディズニーランドに来たようにはしゃいでいる姿を見て、このままの生活を続けていると、絶対的な一緒にいる時間を取り戻せず、私は一生後悔するかもしれないと思いました。

さらにご依頼いただく仕事が増え、社員を雇用する必要が出てきました。駅上に会社を構え、10分の距離の自宅兼オフィスとは、メール・スカイプ・ファックス・電話で繋ぐスタイルに変え、自宅兼オフィスと会社にまったく同じ環境を作り現在はやっと時代が追いつき、会社にあった大きな社長机も取っ払い、外に出て営業に専念できる環境を整備しました。

ビジネスは既成概念にとらわれずに、ひとのご縁を大切に

弊社は１９９７年のインターネット創成期から、ネット関連のビジネスを続けています。ＥＣ関連企業への、売り上げをあげるためのサイト改善や、モノ創りなどの企業の問い合わせ・資料請求を増やすためのネット広告の最適化を、サポートをしています。以前は３年に一度ビジネスモデルを考えれば良かったのが、今は、１年で３つほどサービスを構築し、リリースしています。時代の流れは早く、海外からの流行のネットサービスはすぐに陳腐化するものも多く、見極めは非常に重要で、残念ながらひとのご縁でしか得られない貴重な情報も沢山あります。現在は弊社のノウハウを、さらに加速するグローバル化にお役に立てるように、23ヶ国の言語対応のサイト構築と、該当言語で問い合わせを増やすGoogleの広告管理運用、問い合わせのビジネスメール翻訳サービスも開始し、海外進出コンサルタントの方のサポートもドッキングさせる予定で動いています。

テレワークステーション構想

今後はさらに、人と人、人とビジネス、人とコトを繋ぎ、ＩＴを使う側の目線に立った新たな事業を展開したいと考えています。これは、４年前から取り組んでいるフランチャイズ本部運営の経験で差別化を図っていきます。女性だけでなく高齢者の方、障害者の方がそれぞれのプライヤーとして活躍できるテレワークステーションです。今年設立しました女性と地域活性推進機構では、女性の就労支援をサポートやワークライフバランスを実現できるサービス開発をし、社員やその家族、

また地域の方々、そして仲間やお世話になった方々が幸せになれるように、三方よしに＋の未来よし、四方よし。さらにグローバルを＋し、人類みんなよしの五方よしのサービスをうみだしていきたいと考えています。

私が頑張れるのは、守るべき子どもたちや家族もいるスタッフがいるからこそ。仕事と育児や家事の両立で悩む前に、やはり環境を自分で拓くことが大切だと今も信じています。このスピリットは退職した社員たちにも浸透し、子どもを産んでもすぐに仕事復帰しています。

自分で拓く、小さな積み重ねが大きな幸せに

自ら切り拓き、真面目に小さな積み重ねの努力を重ねていけば、必ず一緒に走ってくれるヒト、水を給水してくれるヒト、ゴールで応援して待ってくれるヒトは出現してきます。残念ながら汗をかかない仕事には、一時の稼ぎはあっても、未来はありません。またビジネスは成功し続けるということもなく、小さな一歩と大きな決断の繰り返し。真面目さと信念を心に持ち、まずは自分のまわりの方々に感謝していれば、自分の思う道は拓けます。ビジネスにゴールはなく、常に自己研鑽と自分を振り返る日々ですが、こんなに楽しいワークはありません。これこそライフワーク。ご一緒に走り、時には歩いていきましょう！

損得勘定無く
自分の持つ全てを惜しまず
相手に伝える

有限会社フェニックス　代表取締役

福西 麻花　Fukunishi Asaka

大手エステサロンの管理職等を経て、2002年11月㈲フェニックスを設立。
美容総合商社、スクール運営の傍ら、長年の経験を認められ、エステティシャンのための役職別「ワークスタイルセミナー」も各地で開催。

「一人三役」の決意　～主婦・ママになっても走り続ける

〝働く女性の役割〟―仕事・妻・母の三役に悩める女性は多いはず。私は全てに手を抜きたくないという感情と葛藤し、自分を責めてかなりの自己嫌悪に陥った時期があります。20年以上前の当時珍しい〝主婦社員〟でした。毎晩10時以降の帰宅で夕飯は作れず、毎月数日間の出張、単身赴任の話…。主婦業と仕事の狭間で、このままで良いのか？と感じ、働きやすい職場作りの提案に何度も挑みましたが、力不足で却下され続けました。それが要因で「自分で主婦やママでも働ける会社を起業しよう！」と決心。エステティシャンの経験を活かし、２００２年小さなサロン併設の美容総合商社を開業。育休・産休、フレックスタイム・時短を導入し、女性メインの会社に。男性社員を働く女性のサポートが出来るように配慮。右肩上がりの業績に満足し、人生のパートナーも変わり、42歳で女児を出産、しかし数年後、メーカーや取引先様の倒産、売掛金の踏み倒し等、究極の事態に直面。がむしゃらに現場営業に走るも、支払いすら出来ない日々が始まりました。倒産の危機が迫り、廃業手続きを考えていた時に、「法人は自分のものではない。国の、皆の〝子供〟である。簡単に殺してはならない」と、ある経営者の言葉を聞き、「絶対に存続させる！」と決意。「常に相手の立場で、相手の痛みや苦しみを自分の事として捉える」という信念で、取引先様との関わりを見直し、信頼を深める事に重点を置き、一から再スタートをしました。現在もまだまだ楽ではありませんが、徐々にその結果は見えてきた状況下にあります。

「現場第一主義に徹底する」

弊社はサロン併設の美容総合商社、「エステサロン様の悩みに対応出来る会社」です。

商品販売・技術提供の他、社員様向けセミナーを行っております。エステティシャン経験者のみの弊社の強みは、大きく2つ。1つめは実体験に基づいた商品の提案。2つめは実際にエステの実務を現在も行っているので、取引先様の現場の悩みが上辺だけではなく、実際に理解しやすい環境になっていること。

これらを生かし、単なる商品販売・技術提供等ではなく、「悩みを打ち明けやすい、親近感のある会社づくり」を心掛けています。

「相手の気持ちになれる人間で在り続けたい」

幼少時代から太っていた私は、ずっとコンプレックスを抱き、ネガティブ思考でしたが、痩せてからは前向きになり、世界観が広がりました。この素晴らしさを伝えたくてエステティシャンの仕事につき、お客さまを励まし、共に喜び、時には涙も流しました。

前職では管理職に就き、スタッフ教育に。何百人ものスタッフ達と共に予算を追い続け、彼女達の成長ぶりに泣き笑い、毎日が青春ドラマのような日々の連続でした。その時代に関わった全ての仲間・時間は一生涯の私の宝物です。

このような日々のおかげで、今の私が存在します。会社がより良い状況になったとしても、現状に驕ることなく、私は「常に相手の立場で、相手の痛みや苦しみを自分の事として捉える」という信念を貫き、謙虚に日々関わった方々との「一分、一秒、一語、一句」を大切にしたいと思います。この想いは現社員、今まで関わった方々に対しても永遠に変わることはありません。

惜しみなく全てを伝える

四半世紀にわたり、美容業界に携わり、人生の半分をこの業界で迎える事となりますが、私は誰よりも最も消費者に近い感覚を持ったまま業界に属している、と思っています。

また、女性として、エステティシャンや教育者や経営者、それぞれを経験した事から、その立場の視点で、自分が経験し、感じた事の全てをお伝えする。と決めています。

私がお伝えした話の中で、各々の方が、一つでもヒントを得て頂けたら嬉しいと思います。

今までの経験が私を作り、今からを作ります。本気で前を向き、これからも色々学び、経験で自分を作り上げ、多くの方々にお伝えしたいと思います。

思考は、現実化する
なせばなる
成功はあきらめないこと

株式会社クリエイティブオフィスピクシー　代表取締役
株式会社ナチュレ　代表取締役
大崎 澄子　Ohsaki Sumiko

23歳でイラストレーターとして独立。商品企画やデザイン開始。2001年多発性ポリープが原因でスーパールイボスティーに出会い通販と卸開始。自然治癒力で体を健康に！を追求しています。

思考は現実化する。あきらめなければ、道は開ける

私は中学2年の時にイラストレーターを目指し、23歳で独立。26歳で結婚、30歳、32歳で出産。仕事を休んだのはその出産の前後1週間ほどを2回。育児中は毎日3時間の睡眠。今まで35年間休まず突っ走ってきたと思います。まじめで努力家。口コミで仕事が増え、40歳頃には従業員15人程のデザイン会社に成長しました。

子供の頃から、健康でほとんど病気もしなかったのですが、2000年に胃の多発性ポリープが発覚。初めて健康に興味を持ち、「ガンになったら?」と真剣に考え、薬を使わずに自力で治そうと考えました。その時、スーパールイボスティーに出会い、2001年5月から飲み始めたのです。半年間にいろいろな変化が表れ、そのすばらしさに惹かれ販売を決意。その年の11月、㈱クリエイティブオフィスピクシーの通販事業部として立ち上げました。デザイン事業の行き詰まりで、新しい事を始めなければと感じていた頃でした。

デザイン実績は認められ大手企業の仕事も多かったのですが、所詮対等ではありません。人件費の採算があわず、4500万円にも負債が膨らんでいたのです。本気で仕事を立て直そうと、あるお菓子メーカーのオリジナルキャラクターを制作したところ、10万個の大ヒット。2005年愛知万博のお土産企画でも総額25億円の売上になる商品を作り上げることが出来、巨額の成功報酬が入りました。負債は一気に返済したものの、つかの間でした。

あきらめずにやってきたからこそ、確信が持てる！

今思うと経営の勉強をせずに行き当たりばったりの経営をしてきたと反省しています。負債を返した後、ルイボスの広告宣伝費にお金をかけすぎたり、新規事業に手を出したり、社員の幸せも考えずやりたい放題でした。しかし企画やデザインが出来るおかげでルイボスの通販事業で広告原稿はすべて社内で作れたこと、そこが13年間あきらめずにルイボスティーを販売してこれた、当社の強みだったと思っています。現在㈱ナチュレの業務は、㈱ベルナチュールに業務移管し、私は企画プロデュースに力を注いでいます。

主力商品であるスーパールイボスティーは、南アフリカ原産の体を温めるすばらしい発酵茶です。お茶には等級があってその中でも希少価値の高い第一等級茶葉で活性酸素分解酵素SODを含むこと、ミネラルのバランスにこだわり33年間、日本に輸入し続けているのが当社の輸入元。1970年にウラン発掘で南アフリカへ渡り、ルイボスを日本に初めて輸入した医学博士です。私は、高品質で本物＝結果の出る商品を常に追求しています。自分自身は、体温が上がり、多発性ポリープ、慢性貧血、シミ、乾燥肌、アトピーなど改善し確信してお勧めしています。

人は、なぜ病気になるのか？　追及していくと、いつもぶつかるのが食生活と薬の問題です。そして心の問題。うつ病、精神障害、ニートのように仕事をしたがらない若い人が多いこと。実は、その理由のひとつが食生活。近年、添加物や農薬、遺伝子組み換えなど、毎日、体の中に化学物質が入ってきています。そのため、体が酸化し、体温が下がり、免疫力も低下。アトピーや花粉症のようなアレルギー、生活習慣病が増加しています。そして気力もなくなっていくのです。

スーパールイボスティーは日本を救う。体温を上げて健康に！

特に女性の体温が低く、不妊症や子宮の病気も増え、子供達ですら、体温が35度台。昔の女性は38度近く体温があり、ひまわりのように明るく元気な家庭だったとか？　今のような添加物はほとんどありませんでした。スーパールイボスティーは、体内の化学物質を外に出し、体温を上げて免疫力を上げ、病気の原因を取り除くことが出来るのです。お茶がそんな簡単に体質改善できるとは想像つかないかもしれません。しかし、長年の販売から、これほど簡単に健康に導く手段はないのではないかと思い、使命を持って販売しています。

今まで多くの悩みを持つ人にお会いし、「なぜ人は病気になるのか？　どうすれば健康で幸せになれるのか？　人は何のために生きているのか？」などを常に考えるようになりました。体の健康は、心の健康につながっています。

女性の意識が日本を変える

特に女性が意識を変えて食習慣を改善すれば、家族や周りの人を明るくし、笑顔が増えて、日本の未来を元気にすると私は考えています。誰でもが夢を持ち、輝いて生きる人が増えることを願っています。思考は現実化するのですから。

自分は「こうありたい」と決意し、実践しているか！！

司法書士法人コスモ　代表社員グループ代表
株式会社コスモホールディングス　代表取締役
山口 里美　Yamaguchi Satomi

東京・大阪・名古屋・広島・福岡の５拠点で登記を最も得意とする司法書士法人コスモ代表。「わかりやすい相続税・贈与税と相続対策」「まる覚え司法書士」「不動産手帳」「幸せを運ぶエンディングノート」等。

必死の思いは人の心を動かす

私は現在、全国に5つの拠点を持つ司法書士法人グループの代表を務めております。6年間のツアーコンダクター時代に受験した旅行主任者の資格試験をきっかけに、法律の面白さに目覚め、3年の猛勉強の末、司法書士に転身。その後、「勤務司法書士」に満足していた私が、「開業する」ことを選んだのは、「突然、命の期限を宣告された父に開業した姿を見せたい」という想いからだけでした。

平成9年4月1日開業。資金も無い、縁もない、クライアントもいない。そんな私が選んだのは、当時の電話帳でピックアップした先に、飛び込み営業をするということでした。東大阪市の布施で開業しましたが、開業祝いに頂いた自転車で、東は石切、西は今里の交差点、南は八尾の近くまで走り回りました。

最初は保険のセールスレディーと間違われ、全く相手にされませんでした。当時、事務所の前にあった銀行担当者に「もう来ないでくれ!」と直接言われ、悔しくて大泣きしたこともあります。それでも、回り続けるうちに、「司法書士を見直そうと思っていたから」「事務員があなたと同じ名前だから」と、同年4月30日に父が他界するまでに、金融機関2行、税理士さんお2人から仕事のご縁を頂くことができました。

藁をもすがるような必死の思いは、人の心を動かすのだと実感しました。

『ホスピタリティ溢れる司法書士集団』

司法書士になってみて初めて、「士業の世界ほどサービスから縁遠い世界はない」と感じました。当時の女性の司法書士割合もまだ1割程度。「上から目線で、難しく言う」ことが普通。大好きなサービス業の世界から転身し、苦労して資格を取得したからこそ、私は、「この士業の世界にサービスマインドを持ち込み変えたい」と決意しました。

当グループでは、一生に一度だけかもしれない、不動産決済を安心して迎えて頂くために、法律を解りやすくご説明することに全員が注力しております。更に、気軽にご相談いただけるように、土曜・日曜でも、ご希望によりお客様のご自宅に伺ってお話をお聴きしております。また、「自分自身も起業家である」の思いのもと、起業をする方へのセミナー・講演業務も開業当初からスタート。当時は、人前で話をする司法書士自体が珍しく、自治体や企業様には大変ご好評を頂き、起業を目指す方と共に歩むスタイルも確立してきました。「司法書士法人コスモ」グループの思いは、「ホスピタリティ溢れるプロフェッショナル集団であること」であり、「日本で一番お客様に信頼されるオフィス」を目指しております。

ご信頼頂く強みとして、第1に、司法書士法人としては希少なプライバシーマークを取得し、書類やデータの保管を整理・適正化し、お客様の大切な個人情報を確実に守らせて頂いております。

第2に、全国5か所にリアルな拠点を有し、日本全国に協力司法書士事務所が約500か所ありますので、広範囲の御依頼にお応えすることが可能です。相続や贈与のご相談で、ご家族が日本中に散らばっておられるようなケースでも、ご安心してお任せ頂けます。

第3に、従業員満足度を高めるため、評価制度と「教育プロジェクト」に力を入れており、女性スタッフの産休取得後の復帰率は100%で、より、「頑張る女性の力」を生かしたく考えております。

第4に、書籍の出版や講演活動を通じて、社会貢献にも力を入れております。

自由に、しなやかに、強い精神でチャレンジしましょう

自分の人生の始まりと終わりは、自分では決めることができません。人生で自分に与えられた時間は限られています。だからこそ、一日一日チャレンジしながら精一杯「生き抜き」、自己実現に向けて完全燃焼することが私のテーマです。

日本の女性経営者の特徴は、まるで竹のように、驚くほどしなやかで、打たれ強いということ。「ダメならやり直せばよい」と、非常にあっさりとしていて、決断力もあります。その特性を思いっきり生かし、もっと自由に！もっとしなやかに！限りない可能性を求めて、自由に羽ばたきチャレンジしましょう！日本を元気にするのは私達です！

−《マイナス》を＋《プラス》に思考を変えて。今しか出来ない事をやり残して後悔しない。

有限会社 PURENESS　取締役社長

岡 真由美　Oka Mayumi

大阪市生まれ。高校卒業後、演劇の専門学校へ。21歳で結婚。一児を出産。大阪市議になった父の代わりに、会社を引き継ぎ、新たにペットのお店を開業。現在は、子供や高齢者と関わるペット系の新サービスを考案し他企業とのコラボ企画を提案中。

すべて未経験からの挑戦

私が、本気になった転機は3回あります。父からの仕事を引き継いだ時は本当に名前だけの社長でした。

一つ目の転機は、自分でペットグッズのお店を始めた時です。全く起業経験も無く、仕入れ先から集客まで、すべて自己流。まだ、お店にHPなんて作っているところも無く、もちろんネットショップも無く、自分でHPを作って、集客ツールにしました。今はありませんが、ペット雑誌の友達募集をされている方一人ひとりへDMを送りました。うちのお店のテーマは「通信販売の商品が手にとって見られるお店」という事でした。その小さい7坪ほどのお店に、遠くは東京、名古屋、愛媛から見に来られるまでになりました。

二つ目の転機はペット美容室のFCの話が来た時。もちろん私にはトリミングの知識なんてありません。その上でまた新しい世界へ。今度は、人を雇う事、責任ある立場に立つことを勉強させられ、時には人に騙され、裏切られる事もありましたが、何とかここまで来ました。

三つ目の転機は現在です。私は、子供の頃から兄妹のいない寂しさ、両親にかまってもらえない寂しさを、たくさんのペットたちが癒やしてくれました。そして、生まれてきてから今まで出会った沢山のペットたちや私をサポートしてくれた方々、ペットの仕事に携わる方を見てきて、感謝と感動を得ました。そのすべての感謝を込めて、残りの人生をこのペット業界の人材育成や、発展に携わり恩返ししたいと考えています。

〝犬の幼稚園〟

現在は、トリミングサロン・ペットホテル・ドッグトレーニング・ペットモデルの登録派遣・犬の幼稚園・集合住宅におけるペット可推進事業を行っています。その中でも「犬の幼稚園って何？」とよく聞かれます。読んで字のごとく、犬のための幼稚園です。日本は、まだ〝ペット後進国〟。ペットの飼育方法では、犬の〝擬人化〟が当たり前。人のように育てる方がとても多く、トラブルが増えています。幼稚園ではさまざまな課題に対処できる飼育環境を目指しています。本来、野生の世界では、母犬や兄妹の中で勉強するはずだった社会勉強を、仔犬同士の中で学ばせることで、飼いやすい子に育てるということをしています。

老後もずっとペットと一緒に生活できる環境づくり―自立型高齢者住宅へ

また、「高齢者のペット飼育のサポート」、「集団住宅でのペット飼育のサポート」にも取り組んでいます。高齢者施設に入る場合、高齢という理由でペットと共生してきた生活環境を変えざるを得ない方が多い状況です。私自身も「この先何年この子と一緒にいれるだろうか」と不安に思う事があります。核家族化の中、高齢者の方が、どれほどペットを飼育する事が生きる励みになっているか―ペットと暮らすという事で非常に素晴らしい効果は立証済みです。施設にとって、スタッフの負担になるかもしれないということで、足踏みをされている施設も沢山あろうかと思います。私は、是非そのリスク解消のお手伝いがしたいのです。晴れて私がおばあちゃんになって施設に入る頃には、自分の生きたい場所で、ゆったりとペットとの時間を過ごして、老後を楽しめるような環境にしたいです。

飼い主を無くしたペットと、ペットを亡くした方々とのマッチングサービス

もう一つ実現したい事があります。それは、「ペットの殺処分0プロジェクト」です。ペットはペットショップで小さいうちに飼うものだと勘違いされる方がいます。――違います。ちゃんと途中からでも立派なパートナーになれます。私は〝飼い主を無くしたペット〟と〝ペットを亡くした方〟とのマッチングも視野に入れています。

これからは、異業種の方にペットの色々な事を知って頂く事、また、一般の方々にこの業界の素晴らしさを知ってもらう事が、これからの私の使命です。

Enjoy Your Business

女性が仕事をしていく上で、女性ならではの視点を大切にしつつ、でも視野はしっかり広げて、新しい事に色々とチャレンジして欲しいと思います。わからない事があっても諦めず、思った目標に近づくために道を探す事。あとは楽しむ事。仕事は、嫌々する物でもお金のためにする物でも無いと思います。自分が楽しく、自分らしく楽しむためにする事が一番です。

正しいことを
ひたすら貫く

有限会社鎌田経営　代表取締役
鎌田・磯崎会計事務所　所長
磯崎 雅美　Isozaki Masami

税理士として会計・税務を通じ、経営者をサポート。また㈳日本エルダーライフ協会理事として介護者に役立つ知識、高齢者住宅に関する情報を提供。税理士（近畿税理士会）、CFP® 認定者、一級 FP 技能士、認定支援機関（近畿財務局・経済産業局）。

税理士の役割って?

私は子供のころから、「資格さえあれば一生食べていける」と思っていました。ところが税理士資格を取ってこの業界に入ったとき、それは甘い考えであることが分かりました。

当時はバブルが崩壊しており、顧問先企業も不景気真っ只中でした。新規顧問先の獲得は困難、企業が倒産すれば収入が無くなりました。赤字で瀕死状態の会社を訪問し、社長様と話をするのは、とても辛いものでした。「売上を増やしましょう」「経費を削減しましょう」といった教科書通りのアドバイスは何の役にも立ちません。自分の無力さを感じました。ただ、この頃の経験が私の信条を作ったと言えます。それは「会社を潰してはいけない」ということです。

「倒産」は経営者だけでなく、従業員とその家族、会社をとりまく人々を不幸にしてしまいます。会社が潰れずに継続していくにはどうすればよいか? そのためには利益を出すこと! それを経営者と一緒に追求して行くことが、私たち税理士の役割であると気づきました。

この思いをある集まりで話したところ、一人から「あなたは税理士なのに、企業に利益を出して税金を払えと言うのか!」と言われ愕然としました。「税金を安くすること、払わないようにすること」が税理士の仕事と思われていること、そして「利益を出したら税金を払わないといけないので損だ」という誤解が根強く浸透していたのです。

創業支援で学ばせていただく

日本で介護保険法が施行された年、ある病院の看護師長より、患者さんと退院後も関わっていきたいという思いから、独立して介護事業を始めたいという相談を受けました。子供の時に寂しい思いをさせた2人の娘と一緒に働きたい、将来は娘たちに会社を任せたいという思いにも感銘し、私は法人設立、許認可の書類作成のお手伝い、助成金申請のアドバイスを行いました。そして社長様と一緒に事業計画を練り、金融機関の面談にも同席、無事に融資を受けることができました。事業所を借りて、従業員を雇い、国から介護報酬が入り事業が軌道に乗るまでの資金を工面することができたのです。そして、この一連の流れが私の創業支援の基本スタイルとなりました。

会計で顧問先を守る

この経験から「介護事業に詳しい税理士」という評判を得ることができ、次々と紹介をいただきました。今では特殊な業界である医療・介護事業、一般社団法人、NPO法人などの公益法人の税務会計にも精通できております。私の事務所では、定期的な巡回監査とタイムリーな月次決算の推進、試算表を基に社長様に説明、決算前の節税対策、赤字対策を行っています。今では顧問先の約8割が黒字経営です。また新しい会計ルールである「中小企業の会計に関する基本要領（指針）」に準拠した信頼性の高い正確な決算書の作成に努めており、金融機関から高い評価をいただいております。さらには、国の認定支援機関として、「創業補助金」や「ものづくり補助金」等の経済産業省の補助金申請、融資では企業への経営改善指導による保証料減免、金利優遇といった資金調達支援に力を入れています。

好きなことを仕事に

ライフワーク（生涯やりたい仕事）とライスワーク（食べていくための仕事）という2つの言葉を耳にすることがありますが、私にとって税理士という仕事は、当初は安定を求めた「ライスワーク」でしかありませんでした。それが、経営者の方々に出会い、お話を聞き、私の考えを述べたり、私なりのお手伝いをし続けた結果、「ありがとう」と言っていただけるようになり、仕事が好きになっていきました。この仕事が「ライフワーク」に変わったのです。

ここ数年、女性の起業が増えており、私も女性経営者をサポートさせていただく機会が増えました。私の出会った女性経営者は皆さん、キラキラ輝いています。それはきっと生涯続けたい「ライフワーク」をされているから！自分の好きなことが仕事になり、お客様が喜んで下さり、家族を養うことができ、従業員にお給料を払うことができ、それが10年、20年と続いていく・・・。とっても素敵な人生だと思いませんか？

輝く自分になるためのエステもコスメもありません

株式会社エニーズ　代表取締役社長

川崎 昌子　Kawasaki Masako

結婚・出産・離婚を経て 28 歳で起業。NY インポート事業を展開後 2000 年㈱エニーズ設立。女性の新しい職業「キャラリスト」の創出、オーダーメイドファッションの企画ブランド開発を行う。自立をテーマにしたセミナー講演、著本出版を行う。

ピンチがチャンス

２０００年㈱エニーズは男性向けオーダースーツからスタート。紳士服業界への参入は簡単だった。しかし、〝簡単なものは、勝てない〟。女性のスーツを１点ずつオーダーする生産背景が、当時日本にはなかった。アパレルの新分野となる〝レディーススーツのオーダーメイドシステム化をしたい！〟ここから全てが始まった。

しかし紳士服と、女性のオーダースーツとでは、縫製の工程が全く違うために、どこも完全に門前払いだった。工場探しには2年がかかった。断られ続け探しても現れない生産ライン。―この瞬間、私はビジネスチャンスを感じた。諦めるどころか、メラメラ燃え上がった。「これは素晴らしいビジネスモデルでは？」と自分の直感を信じた。なぜいままでなかったの？と純粋な気持ちだけで邁進した。2年の月日を要したが、私の考えに共感して夢を賭けてくれた大手が数社現れ２００４年ようやくリリースできた。

どんどんキャリアの女性たちの間で広まった。そして全国の女性にお届けするネット販売を計画。しかし株主・社員・取引先はクレーム産業だと大反対！しかし私は皆の反対をはねのけ「発売された全商品が返品されてもいいと思え。怖がるな。すべて返金に応じる覚悟で挑もう！―みんな気が楽になった。私も楽になった。結果として恐れていた苦情は皆無に近かった。

ピンチはチャンス。いつも自分はピンチに可能性を感じてきた。こうして、今の私に至る。

お客様の夢や想いを形にすること

弊社の事業は、①スーツ、ワンピース、ドレスのオーダーメイド自社ブランドの展開、②制服ユニフォームの企画生産、③他社ブランドの企画・生産、OEMの3本柱である。

採寸不要で簡単オーダーができるシステム化を実現。サイズは1号から29号まで設定し既成サイズにはない中間号数も展開。さらに着丈やウエストを調整。フィットサイズを提供。

また、私は女性のキャリアを見ている。キャリアアップした女性は、カラースーツやかわいいワンピースでシーンごとに自分を演出させなくてはいけない。そこで、色とバリエーションを揃えた。オンラインで「1000の柄・色を選べる」単独のシステムをつくった。またスーツやワンピースの120以上のデザインを創出しました。日本独自の〝婦人服システム縫製〟—「1点1点を縫い上げるマシン」が弊社の最大の強み。いかなる体型にも応えてきた。

上下のサイズは違って当然であり、体型コンプレックスを解消するにはひとりひとりに合ったサイズが肝心です。私の使命は世界でひとつしかないオリジナルファッションを提供することなのです。しかしビジネスは大量受注に応える体制が肝心。工場の日産キャパを1000着でもまわすことが出来る受け皿に国内、海外に生産背景を月3万着を稼働するキャパを立ち上げ初期より視野にいれ最初から準備しました。大きなビジョンは計画を支え、具現化するのです。

私のビジネスマインド

買ってくださいではなく「売ってください」と言って頂ける事業・商品開発がモットー。キャリア層・キャリアウーマンへのファッションを追求している私。本物のキャリアは海外にもたくさんいるので、グローバル展開を進行中。インターネットがそれを叶えてくれるのでEC事業はますます進化させようと思います。またオーダーは採寸がいる？という常識もいらない。

そして、もっとラグジュアリーで、ハイクラスなものを目指します。ステータスを感じるブランドとして確立させ、キャリアアップを頑張ってもらえるような空間を作りたい。

メッセージ

―「ダイヤモンドは傷つかない。ダイヤモンドはダイヤモンドでしか磨けない。」

自分がダイヤになりたければ、あなたを磨いてくれる相手も、ダイヤモンドでないといけない。ガラス玉や偽物では相手が壊れてしまうし、あなたを磨けない。人から選ばれるんじゃなくあなたが人を選ぶことが大事なのです。

女として自分の歴史が何冊も本を出せるくらい語れる。女の一生は千段の階段なのです。

そして身を削られ心を削られ、磨かれる。

すべてを受け止め何事にも背をむけず、磨かれ輝いていてください。

人間力で突き進め
待てば海路の日和あり

株式会社ミューズ☆　代表取締役

岩阪 弥生　Iwasaka Yayoi

人間力＝ヒューマンメディアカンパニー、人が介在するイベントが得意です。関西を中心に全国で各種企業イベント、セールスプロモーションの企画・制作・運営、講演会、シンポジウム、セミナーの企画・運営を行う。

裸一貫でつくりあげる人生

５人姉妹の中で、私の３００倍怖い実業家の母親を見て育った私は、家族、震災、いろんなことが転機となり、自分の人生を変えていくこととなった。20歳からイベントの仕事に携わり、「イベントって面白いやん！」と夢中で働き続けていたが、30歳のとき、阪神淡路大震災で財産すべてを失い、母の会社は倒産。家族８人の人生を背負った。突きつけられた現状から、イベントの仕事で食べて行けるのかと本気で考えた。震災から5年間、必死で働き年収を上げていったが、到底普通の給料では家族を守れない。「やっぱり自分でやるしかない！」と、35歳で㈱ミューズ☆の代表になる決断をした。ここで私は結婚することを諦める決断をし、だからこそ自分の仕事での〝ＤＮＡ〟をいかに会社で残すかを真剣に考えた。

私のイベントのやり方、お客さまを大事にする仕事の仕方、常に新しいもの・ニーズを発見していく力…この私のＤＮＡを持つ子どもたち（社員）を育て、会社でも守らなくてはいけない家族ができた。しかし、事業がめちゃめちゃ順調に進みだしたとき、一瞬ですべてが崩れた。２０１１年の東日本大震災だ。１時間前まで電話で話していた妹を津波に奪われ、それから半年間、必死に妹一家を捜し、その間イベントの仕事もすべてが止まった。泣いた。しかし、ここで一旦休んでみたことで、本当にしたい仕事、止まっていた仕事が再び戻ってきたとき、スポンサーに「待たせたな」って言ってもらえた。何よりも半年間仕事が止まった会社に、社員たちは誰一人辞めずに待っていてくれた。――待ってくれていた子どもたち（社員）を守るために、心機一転、再スタートだ。

MUSES☆：人間力カンパニー

ミューズ☆は「人間力」を強みにする、各種イベント・プロモーションの企画立案、運営会社です。考え、伝え、創り、行動し、さらに笑顔を添えて仕事に魂を込めます。仕入れ、制作、本番運営まで完全に、社員1人に任せる。全員が〝経営者意識〟をもって仕事をすることで止まることなく仕事が入って来る。

社員教育の秘訣は、お母ちゃんの厳しさと愛情

自分の仕事のDNAを残すためにも、ミューズ☆は新しい発想をする若い男性社員が多い。男の子どもたち（社員）を抱え、社長ではなく、お母ちゃんになった気分。〝卒業生〟はみんな、私のことを「おかん」と呼ぶ。私は、10年経てばミューズ☆を卒業させると決めている。―〝卒業〟と〝辞める〟では全く意味合いが違う。

社員が卒業しても、ミューズ☆の仕事は途切れることなく続いています。卒業した社員は外に出て初めて人を育て、税金を納め、家族を養う大変さを知る。そんな彼らは卒業しても、「おかん、お腹すいた〜」という感じで戻ってきたりする。社員は、仕事に見合った評価をしっかりすることにより、頑張れる環境になり、みんな競争心を持って働いている。

ミューズ☆をやってよかったなと思うことは、社員（子どもたち）を育てること。めちゃめちゃ苦労するが、実は私が社員（子どもたち）に育ててもらっている。

男子はお腹が空くから、お昼ご飯に家でカレーや粕汁を作り、炊飯ジャー2つを持って食事を囲む。「一緒に食事をする」ことを大事にしている。ミューズ☆に入る男子は、すくすくと大きく育っていくのです。（ちなみに、これは〝ヘンゼルとグレーテル作戦〟といわれている）また、社員の誕生日、母の日なども大切にし、社員（子どもたち）は私にとって大事な家族です。

「あなたの幸せって何ですか」と聞かれたら、私の仕事のDNA、魂をもった社員（子どもたち）をつくること。親を見て子が育つように、人を見て、人は育つ。厳しさも必要で、その中には愛情がある。こうして育っている社員（子どもたち）が、全国で人を笑顔にしているのだ。家族一丸となってミューズ☆をつくり続けます。

〝人間力〟をつける

一人で悩まない。一人では絶対できないのがイベント。人間は人と人とのつながりで、人間力があれば何でもできる。その中でも「嘘をつかない」、「素直になる」を大切に、人間力を磨いてくれるのは、「人」なのです。

力を尽くして
狭き門から入れ！

株式会社ウエスト　代表取締役

西村 有子　Nishimura Yuko

2001年㈱ウエストを設立。建設内装資材の総合揚重サービスで、「出会って良かった」と言われる存在価値の高い会社を目指す。凛ミュージック㈱、凛美学部の経営も携わり“人を育てる”ことに力を注ぐ。

世にたまわりし幸

〝この世に授かった最高傑作〟という意味で、母親からずっとこの言葉を与えられて育ってきました。両親からの基本的信頼感、絶対的安心感により自然と〝自己承認〟が養われ、存在認知を得てきました。4歳から20歳まで続けさせてもらったピアノと歌により、人生の拠り所ができ一本の芯が通りました。中学生時代エネルギーが高く、両親や周りの方々に迷惑をかけてきましたが「家を出て行け」と「ピアノやめなさい」を言われなかったおかげで、現在の私があると思います。

営業職として就職し男性ばかりの中、同期や諸先輩に負けないよう、肩肘を張って仕事をし、結果を残してきました。離婚をして建築業界転職後も、男性ばかりの中「なめられたらあかん」と粋がっていましたが、会社設立後は女性ならではの視点を強みにし、現場作業のことは社員に任せ、役割がより明確化し自然体で仕事ができるようになってきました。独立の動機となったのは「西村くんが辞めるなら、取引をしない」と現場所長が言ってくださった言葉。新規開拓営業では「絶対後悔させません！」という根拠のない自信。創業当初は資金繰りのことばかり考え「社長というあだ名で呼ばれると、毎日お金の心配ばかりせなあかんの？」と鏡に向かって自問自答。事故、破損が続き「どうしたら職人の意識が変わるのか？」と真剣に向き合い「必ず道は開ける」と呪文のように唱えた日々。自分達が携わった現場が完成した達成感や後世に残る感動。数多くの出逢いと体験により、心を育ててもらいました。

現場内の物流を担う

弊社の業務は、建設現場に入る全ての業者・職人さんたちが、気持ちよく作業を進められるように内装資材を届ける〝荷揚げ屋〟です。マンション建設現場には、浴槽やキッチン、壁紙、フローリング等、現場の中では凄まじい物流が起きています。建設用エレベーターの時間調整業務をしながら、あらゆる内装資材をジャストインタイムで搬入しています。

２０１４年現在、約50名の職人が現場に出ています。彼らの仕事ぶりが次の仕事に繋がります。長年の経験値と、お客さまが育ててくださった彼らの存在が弊社の強みです。

「いいお父さんになりや」

設立後、無我夢中で走ってきた3年間。「最近、建築関係の人としか話していない」と気付き、セミナーや外部研修などに参加し、社員教育を充実させるようにしました。

「いい人生を歩んで欲しい」「幸せを感じて欲しい」と願いを込めて研修に送り出しました。人が育てば、会社も必ず育ちます。人の成長に関われることは、とても幸せで、充実感があります。

「あなたはこの会社に必要」と感じてもらい、安心して働ける環境を作る事が私の役目であり、みんなの会社で有り続ける事が私の使命です。

ジャッジ力

「NO」と言える自分を持って下さい。自分に嘘をつかず、心がぶれないための基準を持つということです。

人生の限られた時間の中で、多くの人と出逢い、様々な想いや経験をします。その中で何が大切か見極め、何があっても動じない「ぶれていない」と言いきれる自分になるためにも、自分軸――「好きと嫌い」を持っていて欲しいです。

自己プロデュース力「自立性の確立」

自分を認める・認められることでパワーが発揮できます。どう見られるかより、どう魅せるかに重点を置き、〝自分人生ドラマ〟の主人公を楽しみましょう。人に依存せず、自らの足で立ち、自らの力で進んでいる実感を持ちながら生きる――〝自分の人生に責任を持ち謳歌できる女性〟になって下さい。１人でも多くの女性が心穏やかに、そしてイキイキと美しく輝きを放つことを祈ります。

自分の使命を果たし
自己成長をし
魂を磨く

株式会社Ｌ・Ｆ・Ｃ　代表取締役

黒山 元子　Kuroyama Motoko

メディカルエステティックサロン LINE FANTASY代表、ファンタスティック美容カレッジ代表。自社製品、乳酸菌代謝物配合コラーゲン、テラヘルツローション販売。
天然素材での美肌再生技術で、全国をとびまわる。

「本気」とは、「まじめにやること。真剣にやること」

「自分の悩みだらけのお肌がエステでキレイになったので、少しでも肌の悩みを持っている人を助けてあげたい」と始めた個人サロン。最初は起業なんて考えるより、ただ目の前の人を喜ばせてお金を頂く仕事がしたい！という一心でスタートしました。当初は人脈も資金もなかったので、お金をかけず、コツコツと。有難いことにお客さまが増え、社員が増え、そしてお店が増えていきました。

私は経営の事もわからないまま、目の前のことをこなす日々で、法人化を決断。経営をしながら結婚、そして念願の出産。しかし、思うように仕事が出来ない時期に入り、売上が下がり8店舗中5店舗を閉めることに。当時、社員が急激に減ったり、スタッフがお客様を連れて辞めたり、家庭と仕事の両立もうまくいかず、家族にも理解してもらえないときもありました。しかし、自分で作ったお店・会社なのだから、経営者として本気で自分の仕事を貫くことが、私の責任・義務！だから諦めない！と覚悟を決め、前進。サロンを閉める事で戻ってくる保証金で新しいメニューを作りました。サービスの見直し、スクール事業の展開を行いました。すると主人から「お前は打たれ強いなぁ。」と言われ、次第に家族からの理解を得る事ができました。

「本気」とは、「まじめにやること。真剣にやること」。それを見ている人は手助けをしてくれますね。

肌本来の力を最大限に引き出す技術

弊社はトータルエステティックサロンで、開業して20年が経ちます。弊社のコンセプトとして「トライアングル美容」があります。①肌の仕組みを理解した美容法、②体内がデトックスして抗酸化していく健康法、③いつも笑ってストレスを溜めない精神法、この3つのバランスを保つことが、本物の美容だと確信しています。

この美容法をもとに、メスや注射を使わず、安全な若返り技術を提供していることが、弊社の強みです。流行に振り回されるのではなく、天然素材と独自の技術をとり入れ、肌の理論に基づいた本来の力を最大限に引き出していく美容法―私のこだわりです。

感動と余韻が残るサービスを

私は肌と自分自身にコンプレックスがあり、「キレイになることは、大きく人生を変える」ことを、身を以て体感する時がありました。悩む女性たちを喜ばせたいという想いで、丁寧なカウンセリングを行い、プロの技術や知識を提供し、気配り・言葉・表情・サービスなどで感動と余韻の残るおもてなしをしています。

女性は、美しくなり、悩みやコンプレックスが解消していくと、洋服・言葉づかい・生活が変化します。そんな輝く女性を増やしていくことが私の使命です。また、〝キレイを作る仕事をしたい人〟を育て、人材を増やしていく事も使命として取り組んでいます。

自分のコンプレックスがあるからこそ、その経験や克服は強みにもなる

妻として、女として、母として、経験できるからこそ、リスクも喜びもわかります。こういった経験をできるのは女性ならでは、です。私は女性の能力をもっと引き出し、社会の中で活用していくべきだと思います。家族のために役立っていたお母さんが、他の事でありがとう、と言われる場所がもっとあるはずだと思いませんか。

女性は、世の中のニーズを男性より知っています。そして、きめ細やかさ、優しさ、母性があり、発想豊かです。何より地道な努力をする方が多いので、起業にむいていると思います。自分が好きな事、得意な事はありませんか？

何かを始める時には、勇気が必要で、リスクも伴いますが、必ず何かを得られます。あの人だから成功したとか、私は違う、などと考えないで下さい。毎日にやりがいや喜びがないと思うなら、一歩を踏み出してみて下さい。人のために何かをしてあげたい、喜ばせたい、という想いをもって、誰かのために何かをする事は、何よりも嬉しい事で、自分をひときわ輝かせてくれるのです。

自分のコンプレックス経験なしでは、克服できないことがたくさんあります。女性がもっと輝ける場所を作る事を夢としています。ワクワク楽しみながら毎日を過ごしましょう。

人生観とは　知性と感性
論理性との　バランス

株式会社コルシス　代表取締役

山田 まこ　Yamada Mako

学卒後OL生活を経て、モデル、レースクイーンとして活動。その後結婚。専業主婦5年目に起業。金無し・人脈無し・経験無しの状態から事業計画書に頭を悩ませ、なんとか大阪府認定企業としてテイクオフ21に認定される。海外でのスパ体験等を活かし北堀江でデイスパ コルシスを経営。

自分の納得する道をつくる

若い頃はモデルやレースクイーン、人前に出て綺麗でいるべき仕事をしていましたが、結婚して30歳を過ぎてくると、見た目の老化や健康問題が深刻化してきました。その当時、ネット社会が幕開けし、美をどこまでも追求する事や、個性・自己主張に対して日本社会が寛大になってきたように思いましたが、素のままに感じる疑問やホンネを口にすると、周囲から笑われたり否定されることがまだまだありました。

若い頃からバカ正直だった私は空気を読めずに、いつもホンネで喋っていました。「この習慣っておかしくない？」「本当はこうあった方が良くない？」という私に、「常識だから」とか、「理想かもしれないけど、あなたは変わってる」などと否定されたものです。20代後半はだんだん面倒になり、周囲を気にする小さな自分になっていくのでした。大人社会に迎合しながら窮屈で不満だらけで生きにくかった私でしたが、後にネットで情報を取るようになって今まで感じた疑問は正しかった事に気づくのでした。その当時の私は、ささやかな平和以外は何も持たざる専業主婦でした。若さや美しさを失いながら、何の出番も人生目標も無い毎日の中、親族の問題がいくつも発生し、巻き込まれる事態もありました。今の生活を維持して生きるのは無難だけど、10年後になって「私の人生は何だったんだろう!?」と後悔したくない。「自分の納得する道をつくるなら今しかない!!」と何やら嫌な予感に突き動かされるように起業を考え出しました。人生の本気スイッチが入ったのでしょう。

嘘、偽りのない美容をとことん追求

紆余曲折の後に、周囲の反対、資金の問題、未経験だらけでハードルの高かった起業への壁を崩して、やっとの事、借金で造った小さなサロンを堀江にオープンしました。「エステ界の習慣っておかしくない？」「本当はこうあった方が良くない？」を事業形にした、内側から綺麗になるサロン。デトックスや体質改善の結果が本当の美しさだということを表現したかったのです。「メーカーやマスコミのデマから解放されて、内側から美を磨こうよ、賢い消費者になろう！」——それが私の伝えたい真実であり、経皮毒は当たり前、流行ばかり、トラブルだらけ儲け主義の美容業界に一石を投じるささやかな自己主張でした。健康産業は花盛りなのに病人だらけの世の中を見渡して、「間違いの元は何なのか？　誰がこんな理不尽な世の中をリードしているのか？　それを突き止めて皆に真実を伝えたい！」——その想いは日々つのるのでした。

しかし経営の難しさに飲まれ、怒りに近いどん底のピークを迎えたことがありました。そこで再び、私の本気のスイッチが入りました。そこからは肉体労働、研究、投資の連続です。今となっては良い思い出も、当時は辛かった！　リピーターとそこそこの売り上げを確保しましたが、自分を許さない自分との葛藤の日々は続くのでした。しかし、意外にも多くの雑誌やテレビ取材がやってきました。経済や心情はどうであれ、外からの見栄えは良かったようです。

海外取材や研修等、時間とお金が許す限り世界へ飛んで行って学びましたが、ある時期ショックが重なりアトピーを発症したのがきっかけで、肉体管理だけでは越えられない見えない世界を意識し始め、閉塞感でがんじがらめだった私は、スピリチュアルを学ばざるを得なくなりました。肉体と精神とスピリットのバランスをとことん追求したオールハンドの会員制のディスパ・コルシスでは、体質改善、デトックス、アンチエイジングのメニューを、広告無し、リピーターのみの経営体制が強みです。心の持ち方や人生まで陰ながらサポートするつもりで取り組んでいます。現在では、オーラやチャクラの調整、目元の問題解決型アンチエイジングの技術を提供しながら自社アカデミーで人材育成をし、誠実に稼げる技術と自立支援制度の拡大が将来のビジョンです。

賢くて愛情溢れる世界的なリーダーになるのは日本人女性

これから世界で誇れるリーダーは日本人女性だと信じています。それが世界の流れでもあり、気づいていないのは日本人女性だと感じます。いろんな分野のプロ達と共同作業で日本人女性をピカピカに磨いて、国内、海外で活躍していただきたいです。

感性も時には狂いが生じます。論理性は仕事や社会生活に不可欠です。知性があってこそ正しく直感が働くのです。どれも欠かせない成功の原理であり、社会のノイズに惑わされずに生きる強さを持ってほしい、これからの女性へのメッセージです。

継続は力なり　１００日の継続は　更なる力なり

有限会社ビューティーフレンド　代表取締役社長

高橋 智栄　Takahashi Chie

日本初・世界初の糸脱毛を開発し、2003年日本糸脱毛協会を設立。2004年㈲ビューティーフレンドを創業。糸脱毛技術を日本に根付かせることを目標に、パートナー企業の育成に力を入れている。

台湾での〝糸を使用した産毛抜き〟との出逢い

子供の頃はとてもおてんばで、いつも男の子と傷だらけになるまで遊んでいた私。一方で、書道やそろばんで身に付いた、一瞬の空気、緊張感への集中力は、仕事に向かう姿勢に大きく影響しています。人がきれいになれる美容業界に心を奪われ、夢中になり、世界初の美容技術開発まで至りました。始まりの地は台湾─私の運命の場所です。34歳の頃、夫の仕事で約5年間、台湾に住んでいました。台湾の路上で初めて目にした〝糸を使用した産毛抜き〟。最初は「こんな乱暴なもの、原始的で野蛮！」と感じていましたが、実際に産毛抜きを経験してみると、思ったより痛みがなく、衝撃を覚えました。「あれ？何この技術。面白い！」─以前から起業したいと思っていたことの〝点〟と〝点〟が、〝線〟でつながった瞬間でした。

まずは現地で中国式の産毛抜きをしている人と仲良くなって、技術者の方に中国式の産毛抜きを学びながら、「どんな職業の人がやっているの？」、「何分でできるの？」とボディーランゲージと北京語を駆使して様々な事を聞きました。台湾には親切な人が多く、いつしかこの国が心地よく、美しいと感じられるように。「日本で、この産毛抜きを普及させたい！」─この想いから、本気の始まりです。私は〝日本式の糸脱毛®〟開発に乗り出しました。現在は全国に弊社の糸脱毛を扱うパートナー企業さまが増えていますが、そこまでの道のりは紆余曲折。既存の中国式産毛抜きは、施術の様子が下品な感じ。韓国式は涙が出るほど痛いだけ。これでは日本での普及は無理だと判断した私は、日本人が好む脱毛技術にしなければなりませんでした。

日本人のための〝糸脱毛〟開発　―絶対的な強みと自信

発明好きで特許も取得したことのある父の影響で、やればできる！という考えが根付いている私。〝日本人に合う繊細な技術開発〟を課題に取り組みました。施術光景を「おかしなアジアのもの」ではなく、スマートで、美しく脱毛できるものにしたい…。その上痛くない画期的な技術にするにはどうすればいいのか…。一番難解だったのは〝糸の持ち方〟でした。「どうして痛みがでるのか」に着目し、あれでもない、これでもない！と試行錯誤の末、丁寧で痛みの無い「ひねらず、引っ張り上げない技術」を開発。技術開発の最終課題は父に相談すると、10秒で解決！現在も、施術や指導を重ねながら、より良い技術を進化させています。

ブランドを守る力　―日本初・糸脱毛専用パウダー開発

糸脱毛には糸と糸脱毛パウダーが必要です。私は日本初・厚生省認可の〝糸脱毛専用パウダー〟を開発しました。弊社の糸脱毛のパートナー企業・加盟店さんたちを法律的に守るための開発です。これを提供できるのは、現在弊社のみです。

糸脱毛の普及・愛される技術の継承を

私の使命は、〝糸脱毛〟の技術者育成と啓蒙にあたること。売るだけではないことをしたい――糸脱毛を世の中に広め、技術が愛され、日本に糸脱毛が〝根付く〟ことを目指しています。現在は糸脱毛を広める仲間をつくりたいという新たな展望があり、強力なパートナーをつくるためにパートナー企業の教育に力を入れています。できるだけレベルを底上げする—どんな講師に習っても同じレベルに—そのためにはトータル的な教育が必要で、高いレベルを求められるので、テキストや、カリキュラム作成を充実させています。

経営を通して人生を学ばせて頂く

経営者は挑戦続き。経営をすることは、人生の勉強とつながっているのかな、と年々強く感じます。良い事も悪い事も対処の仕方が大切で、ちゃんとした生き方をしていれば、良い方向に動くことが多い。人生そのものが経営にも深く直結していると日々思っています。経営を通して人生を学ぶ。「全て勉強」と思いながら経営させて頂いています。

美しい女性は感情的にならない

実は私、経営者になってからあまり怒らなくなりました。女性って、ヒステリックになりがちですよね。でも、ヒステリックな女性＝きれいじゃない。経営者になるのであれば尚更、冷静に立ち振る舞うことが大切です。思うに女性というものは〝家庭の単位〟で、その中心であります。女性が明るく笑っている家庭は、家族も皆、明るく輝いている。—女性が笑っていると、社会も明るくなるのではないでしょうか。

ローマは一日にして成らず
Rome was not built in a day

有限会社ペインティングガレージイル　代表取締役

芳野 順子　Yoshino Junko

結婚後、JUNA ONLINE SHOP 運営。数字のジュエリー、ペットシーツケーキ、えごま油など MADE IN JAPAN にこだわったオリジナル商品の製作・販売を行う。現在はラジオ番組のパーソナリティーとしても再活動中！

「結婚後、私にしかできない仕事は？」―周囲の評価は「おママゴト」

私は今でこそ、「やりたい！」と思うことを自分のペースで仕事としてさせてもらえる、大変幸せな人生を歩ませていただいておりますが、新婚当初は、幸せな結婚生活の中に〝物足りなさ〟を感じることも少なくありませんでした。結婚を機に、ラジオパーソナリティーという大好きだったお仕事を辞めて、家庭に入りました。夫の会社で事務を手伝っていましたが、「これって自分じゃなくてもできる仕事？」と思うように。お客さまからも「○○さんの奥さん」と呼ばれ、それが私の新しい名前になりました。「このままじゃダメ。もう一度私にしかできない仕事がしたい！」。

結婚3年目のある日、私のその想いを実現させるチャンスが。夫の会社で「アクセサリーブランド」を作ることを任されることになりました。「私にそんなことができるのかな…」と戸惑いながらも、商品の企画や製造、販売という、今までにやったことのないお仕事に、毎日ワクワクしながら、寝る間も惜しんで取り組みました。

しかし、主婦の延長線上だからか、自立した一人の女性としての周囲からの評価は得られず、「おママゴト」「バックアップありきの商売」「女性は子供を作り家庭を守るもの」と悔しい想いをするセリフを投げられました。再び悶々とする日々が続いておりましたが、メディアで商品を取り上げていただいたり仕事の依頼や注文が多くなり、お客さまからの喜びの声や感動をいただくことで、独身時代に得られていた〝充実感〟を取り戻すことができるようになりました。

本物へのこだわり

母の看病をしながら仕事と主婦業で精神的に余裕がなかったころ、心豊かに楽しく暮らすためにはやっぱり健康が一番大切だと実感したことをきっかけに、契約農家さんとの運命的な出逢いから新しい事業を始めました。

大切な家族をはじめ、本物を探されている皆さまへお届けするため、試行錯誤をしながら独自の自然農法や、昔ながらの低温圧搾法にこだわり抽出した品質の高い Juna Egoma Oil を販売しています。本当に良いものを口にしていただきたいという想いや、魔法のような効能が一人でも多くの皆さまに伝わり感動していただけることで、今では私自身もエネルギーをいただいております。

事業を大きくするだけが商売ではないはず

気がつけば救ってくれた人— それはお客さまでした。喜んでくださるお客さまへの感謝の気持ちや信頼、そしてそこからまた広がる出逢いのスパイラルが、いつも私を励ましてくれています。半年前に救急搬送され左耳の聴力を失った時にも、一番最初に考えたことはご注文いただいているお客さまのことでしたが、体調を崩すまでは事業内容を拡大することばかり考えていました。入院中は「本当に喜んでいただくためには、これから会社をどうしていくことがベストなのか」と何度も考え、「事業を大きくするだけが商売ではないはず」という結論に。自分の目の届く範囲内で、当たり前のことをシンプルに続け、1人でもマイペースに取り組むことが、私自身のライフスタイルにも合っているのだという答えを出すことができました。

自分を信じて！

これから起業を志すあなたの使命って何ですか？ もしもあなたにハッキリとした使命があり、そのために行動しているつもりなのに、周囲と比べると自分が「がんばってないな」と感じているとしたら？ 大丈夫です。普通の主婦だった私にもできていますから。あなたにもきっとできるはず。

大切なのは、自分を信じて行動すること。あなたの行動を見てくれている人は必ずいます。あなたの行動に共鳴してくれる人は必ずいますから。周りからの評価も気になると思いますが、女性が結婚し仕事と家庭を両立するとなると、バランスを取ることが難しくなり悩みがち。いま自分が与えられている境遇に合わせたスタイルへ柔軟に変化するメンタリティの強さがあれば、きっとお客さまにご満足をいただき喜んでいただけることで、周囲の評価などは自然と気にならなくなりますよ。

変わった瞬間

株式会社 kichi　代表取締役
株式会社 rise up　代表取締役
株式会社 Jm　取締役
山本 美穂　Yamamoto Miho

04年アイメイクサロン skin を創業。その後㈱kichi、㈱rise up、㈱Jm と設立。現在5店舗のサロンを経営。エクステンション商材企画・開発・卸。託児所施設・保育士常駐のサービス等、お客さまのニーズを先読みし、かゆいところに手が届くサロンを目指す。

自分が変わった瞬間～初めての就職（営業事務のつもりが自ら営業部へ転属）

基本的に飽き性で短距離の方が得意な私。スタートダッシュはできるものの、忍耐力がなく、継続できない性格でした。その証拠に、私の履歴書には中退の学歴がたくさん並んでいます。ただ、勢いだけはある生意気なやつ、それが10代～20代の私です。

遊びまわる日々を過ごしていましたが、21歳のとき、「このままではいけない、社会人にならなくては」と痛感させられる事件が起きました。（事件の詳しい話はまたの機会で（笑））そこは広告代理店と言っても、求人誌のごりごりといわれる営業会社。今で言うと完全ブラック企業ですね。

営業事務職として数か月勤務したある日、上司より「営業が売り上げをあげているから、お前らは食べることができる。一番偉いのは営業。営業事務や制作は営業に感謝をしなければならない」と。私は心の中で「いやいや、それおかしいやろ。私たちはチームで動いているのだから、誰が偉いとかではないのでは？」と思ったけれど仕方がない。部長に言い返すことはできません。いらつきました（笑）。

負けずぎらいの私が考えたことは、「そっか。営業でない限り認めてもらえないのであれば営業するわ」。営業だけはしたくないと思って営業事務を選んだのに、結局、自分から営業へ配属転換を願い出ました。

会社の強み　～お客さまの〝あればいいな〟を形にする

10年前、美容業界にある多くのサロンは、クーポンサイトに出稿し、新規のお客さまを集客することに力を注ぎ、リピートのお客さまは少なく、接客という気持ちを忘れているように感じました。営業経験者の私には考えられないこと。「お客さまは人についてくる」という信念を持っていたからです。

経営未経験でしたが、そんな私でも「〝他より少し安く、居心地がよく、通いやすい〟サロンをつくればできるのではないか」と考えました。お客さまのかゆいところに手が届く〝あればいいな〟を形にすることだけを考え運営しています。

また、経験を積んだスタッフも財産です。スタッフの〝あればいいな〟を形にすることで、有能な人材を流出させることなく強い組織を作っています。

〝不安は思いつくすべてを実行していない事から生まれる〟

約10年前、初めての就職。求人広告の代理店での営業職。テレアポ・飛び込みでの新規開拓等毎月ノルマを抱える。時間・プレッシャーとの戦い。月末には売上詰めの更なるプレッシャーで、月初にはまた一から売上を積むプレッシャー。不安、不安、不安。月末のある日の夜、目の前に座っていた先輩から声をかけられました。

Mさん「美穂ちゃんなんて顔してるの。」

私「今月達成できないと思うんです。不安で。」
Mさん「あのねー。不安ってのはやるべきこと・思いつくことすべて実行してないから生まれるんだよ。全部やったの、あんた？　締めまであと数時間あるでしょう」
そのとおりです。私が持つ知識・経験で思いつくことすべて実行していれば完璧しか生まれません。
根性だけで走り続けた営業時代。諦めない。挫折は自分でつくるもの。そして何より大切なことは自分を信じること。〝やるべきこと〟、〝決めたこと〟をやらないことは簡単です。そんな自分に流されると、いつしかやらない癖がついてしまう。だから続ける癖をつけること。

これからの女性へのメッセージ

投げ出したくなることもあります。そんなときは、「途中でやめるのは逃げること。次の目標まで行ったら辞めよう」と言い聞かす。次の目標を見つけたときは「どこまで走るのかな？　やれるところまでやってみよう」と言い聞かす。余計な〝プライド〟はいりません。選択肢を少なくし、視野を狭くするから。ただ1つだけのプライド〝自分に負けない〟さえあれば、どんなことも乗り越えられると信じています。〝自分次第。最大の敵は自分〟。

すべての判断の基準は
“人として正しいか”

株式会社 fulfill　代表取締役

中田 圭子　Nakata Keiko

結婚・出産・育児・介護と分断され続けた職業生活の中で資格取得。企業の顧問社会保険労務士として、人の能力開発・育成に特化した人事労務管理業務を行う。「人との関わり」を武器に、企業に密に関わる社労士として人事評価制度構築部門を法人化。

「本気でないと仕事はありません」

阪神淡路大震災の時、宝塚在住の私は、自分の力で将来を築くことはもう無理なのではないかと悩んでいました。震災の影響でライフラインは完全復旧していない状況。３人の小さい子どもを抱え、その上介護もあり、たった独り社会から遠ざかっていくような焦りで悶々としていたころ、ある尊敬する先輩から「君は人との関係づくりが得意だから、社労士をとったらいいよ」という言葉をいただきました。本当にその一言は、自分のための言葉。人生に光が指したような嬉しさを覚えました。それから私は自分の人生のために、本気で「資格取得」の決意をしました。仕事と山のような家事、くたくたになって22時くらいから睡魔と闘いながらの勉強でした。一番集中していたのは満員通勤電車の中だけだったかも知れません。お陰で子供には我慢ばかりさせてしまいました。今でも我が家の子供たちは私に「できるオンナ」という表現を遣います。一見かっこよさ気ですが、実はそれしか母親像を描けないいんです。

私にとって資格を取るということは、本気でこの仕事で生計をたてることを意味していましたが、資格を取得したからといって仕事は全くありません。よく質問されます。どうやったら稼げますか、何をやれば売り上げがあがりますか。私は答えます。「本気でやるしかないでしょ。」何の取り柄もない私ですが、「私という人」を買ってもらえなければ仕事にはなりません。経営者はどんな規模であれ、本気です。その意気込みで仕事をしないとお金は払ってもらえません。

「会社の、または経営者の〝思い〟を是非お聞かせいただけますか？」

初めてお会いした時に私が口にする言葉です。思いを聞かせていただいた時、是非その会社のお手伝いをしたい！という気持ちになります。社労士の仕事は、士業の中でも〝人の成長〟が大きく関わってきます。企業の真のニーズは、企業の発展であり、それに伴う人の成長。

甘っちょろい考えで、経営者に法律論を説いたところで、人間としての私に仕事は任せてもらえるとは思えません。本気で会社さんに関与しますよ、ここぞ、というときに頼りになる社労士ですよ、他の社労士と比べても負けません！ここを理解いただけなければ仕事はとれない、そう考えます。

会社に貢献する人財を―『人事評価制度』

誰にでも〝パワー〟はあります。これを働くモチベーションに変え、会社に貢献してくれる人の育成、このシステムの一つが「人事評価制度」です。「人事評価制度」は社員に優劣をつけて処遇する〝査定〟と混同されますが、本当は違います。

会社の思いを共有し〝頑張ってくれる〟人の育成が目的です。優秀な経営者は頑張る人を育てることが得意です。しかし労働法は〝頑張る〟を時間と捉えます。これが法と経営者の思いのかい離の部分だと私は思います。私たちは〝頑張る〟という言葉が好きです。しかしこれは量や形で表現できにくいので、人によって解釈が様々になります。私が提案する「人事評価制度」はこの〝頑張り〟を

1、仕事をするための能力
2、仕事に対する取り組み意欲
3、仕事の結果と成果を出すためのプロセス

この三つにスポットして「頑張る」を社員と共有します。明確になった頑張りに答えた社員に会社は高く評価します。足りない部分は育成をはかります。そして、明確になった能力を会社は人財として活用できます。会社と社員が思いを共有し、成果につながる仕組みを「制度化」するお手伝いをしています。

「女性であることに甘んじるな」

女性という言葉をあえて使うなら、女性であることに甘んじることなく、私は「働く女性」を育てる役目も担っていると思います。敢えて厳しい言葉を選びます。私たち女性は機会をもらえなかったことだけでなく、甘やかされてきた。それは仕事をするうえでは不幸なことです。『女性が育つ企業は伸びる』このように私は考えます。「女性の育成に力を注いできた企業＝全社的に人を育てることを考えてきた企業」だと考えるからです。今後は「働く本気」の心意気をもつ女性を育てる、ここを考える企業に関与し成長を促す。その行動を常に考えています。

すぐやる
必ずやる
出来るまでやる

株式会社ヒサコタカヤマ　代表取締役

高山 尚子　Takayama Hisako

『卸メーカー部門』ウエディングドレス・カラードレス・子供ドレス・制服等
『婚礼衣装貸衣装』ウエディングドレス・タキシード・着物
『婚礼美容部門』ヘアメイク・着付け・エステ
その他写真スタジオ、レンタルブティック・手作り教室を運営

母への想いが「ヒサコタカヤマ」をつくる

フォーマルメーカーを営んでいる両親のもとに生まれる。私はいつもキラキラした物に囲まれていました。忙しくなると、ビーズ付けや縫製を手伝っていました。でき上がった物を職人さんが褒めてくれたのが、うれしかった思い出です。

母から継いだ会社と、11年前に自分自身の名前でデザイナーズブランドを起業した会社を統合し、今、新しく動き始めました。母は、売れる商品の目利きをする立場でしたが、母の想いがデザイナーに伝わらず悩んでいたのでしょう。ある夜、母親が「あんたが手伝ってくれたら助かるねんけどな」と言いました。私は、頼りにされることがうれしくて、「当たり前やん!」と答えました。そこに何か母と娘の絆と魂を感じました。

私がブライダル業界に入った理由は、単純に親孝行がしたかったからなのです。母が亡くなり、相談相手がいなくなり、私のことを褒め、信じ、愛してくれていた人を亡くしたときの寂しさは想像以上のものでした。

母の他界後、社員やお得意様も徐々に減りました。残ってくれた社員は、生産と企画の女性社員だけでした。時代と環境の変化に人事を見直し、一人一人の特性を見抜き、適材適所にその人に合っているポジションに変えました。そして、母から継いだ会社を再び活気あるものにするため、新しい部署を毎年1つずつ立ち上げました。

今まであった技術と研究を生かし、新しい商売を考える

『会社は1年内に何か新しいことを立ち上げていかないと、年間売り上げが20％下がるという統計が出ている』と、いつも父が言っていたことが常に頭にあります。1年目、結婚式などに着ていける列席衣装や、発表会や謝恩会用のワンピースやスーツを作り、レンタルできる店を開始。2年目、手作りブーケやブートニア、花冠、ポーセラーツ。セレモニーのプレゼントや自分のための記念日の手作りの教室店を開始。3年目、上質な素材でミス＆ミセスのお洒落を楽しめる服の企画・販売を開始しました。

昔から日本人が大切にしてきた日本女性としての心

お客様の夢を叶え幸せになっていただくことが、我が社の経営目的の一つです。お客様はほとんどが新郎新婦様です。今から新しい家族を作り、親になり子育てをされる方たちにとって結婚式は人生で大切な儀式であり、そこには昔から日本人が大切にしてきた伝統としきたりがある大切なことを、衣装・美容を通じ、お伝えさせていただくことが、もう一つの使命ではないかと感じております。若い女性に「貴女が尊敬する人は誰ですか？」とお尋ねすると、ほとんどの方が「お母さんです」とお答えされるようです。私自身、日本の伝統としきたり、日本人女性の素晴らしさを学び、皆様にお伝えできる伝道師になることも目標です。

私が考えるデザインは、自然界からのインスピレーションと、素材との出会いから生まれます。

自然界の花・光・風・雨・雲、素材が持つ張り感・とろみ感・光沢・陰影はインスピレーションの宝箱です。デザインを考えているときの楽しさ、商品ができ上がったときの感動と喜びは言葉にできないほどです。まして、そのドレスを一生に一度の衣装として選んでいただけるなんて感無量な気持ちになります。

クリエイティブな仕事と、経営者としての仕事の両立はかなり大変なのですが、これが現実。切り替えをうまくしていくことですね。2年前にエステ部門を開始し、最近、写真スタジオも作りました。実際、現場にいると、お客様の要望・スタッフの要望がどんどん理解でき（笑）、お客様が望むこと・物は新商売につながる、そこに適性価格と良いサービスがあれば、なお喜んでいただける。女性だからわかる付加価値とできるサービスを、これからも提供し、将来に進み続けたいと願います。

起業は多少のお金と勢いでできるが、会社の継続は想像以上に大変なこと

いろんな壁がまっている、何度も心が折れてしまうこともある。でも、また前を向いて、周りにいる社員に自分が太陽になり、光を与える存在でいたい。いくら仕事が忙しくても、自分の時間を作ることに罪悪感を持たなくて良い。仕事のオンとオフのうまい使い分けができれば、体と心をケアすることができ、周りの人にも自分自身の人生も大切にできるのではないでしょうか。

何もしなければ何も始まらない。とにかく前へ向かって進もう！

株式会社クロシオ　代表取締役

深谷 亜由美　Fukatani Ayumi

曽祖父が創業した会社を父から引き継ぎ、38 歳の時に株式会社クロシオ代表取締役になる。家具販売を基軸にしつつ、業種にとらわれずマッサージ器や化粧品の輸入販売など、新しい事にチャレンジする精神に拘り続けている。

「社長」って私を呼んでくれるのか？

短大卒業後銀行に入行し、１年後に父の経営する会社に転職した私でしたが、入社当初は仕事よりもプライベート重視で、正直結婚するまでの腰かけといった気分でした。ところが私が38歳の時、父が会長に退き、私が社長の椅子に座ることになりました。祖父の急死で若くして社長職を継いで苦労した父は、自分が元気なうちに社長職を譲り、私を裏から支えようと考えたようです。

社長になった当初は、昨日まで〝深谷さん〟と呼んでくれていた同僚達が、自分のことを〝社長〟と呼ぶことに戸惑いも覚えましたし、そもそも社長として何をすればいいのかも分かりませんでした。カリスマ的な存在で社員を引っ張ってきた父に比べ、何の特技もない自分。社員は付いて来てくれるのだろうか？そんな不安を抱える毎日でした。

当時私は社長の立場が嫌で嫌で、「楽でいいよね。」と言われれば腹が立つし、「かわいそうだよね。」と言われると情けないような気持ちになり、複雑な思いでした。しかし様々な方に話を伺うにつれ、自分は恵まれているのだということが分かってきました。「経緯はどうあれ、私は今、社長なんだ。私の肩に社員たちの生活がかかっている。このまま社長としての覚悟もないまま惰性で会社経営をするのは社員に申し訳ない。」そう気づいたときが転機でした。「自分に出来る経営」を本気で考えるようになりました。

幸せ作りを応援する会社

私ども株式会社クロシオは1908年に曾祖父が創業した会社で、創業時は地場産業である日用雑貨を扱う事業をしていました。弊社の社名は黒潮の温暖な海に、沢山の魚が集まるように、沢山の人々や情報が集まってくる会社でありたい、と言う願いをこめて名付けられました。またクロシオには、「ク」らしの中に「ロ」マンを求め、「シ」あわせ作りを「オ」うえんする会社（暮らしの中にロマンを求め、幸せ作りを応援する会社）という意味もあります。父の代に家具を扱うようになり、これまでなかった色合いと簡単な組立でできるカラーボックスを考案したことが現在の事業の基礎となりました。その後、医療機器や化粧品の輸入業の許可を取得し、鍼灸鍼やマッサージ機等の販売も手掛けております。

もともと日用雑貨の販売から始まった会社であり、本棚・テレビ台・電話台といった軽家具の販売を手掛けてきましたので、生活に密着した、安価で使い勝手のよい製品をお客さまに提供することをモットーとしています。そのため、よりお客さまのニーズに合った商品を使って頂けるように整理収納アドバイザーとコラボし、収納家具の開発をしたり、女子社員のアイデアを活かした製品づくりに力を注いでいます。

一家にひとつクロシオの商品を

私の社長としての目標は、堅実な会社経営をして確実に社員にお給料を払えるような会社であり続けることです。もちろん会社を大きくしたいという夢はありますが、まずは安定した会社に。そのためには新しい事にも挑戦し社員ひとり一人の良さを発揮出来る会社作りをしていきたいと考えています。そして社名のとおり、皆様の暮らしがロマンにあふれ、日々幸せを感じられる、そのお役に立てるような商品作りをしていきたいです。どこのお家にも必ずひとつクロシオの商品があり、人々の暮らしを支えている、それが私の夢です。

自分の良さを知ること

私は、女性である、男性であるという前に、「人としてどうあるべきか」という事が大切だと考えています。一方で、やはり男性には男性特有の体力や行動力、女性には女性特有の繊細さや粘り強さがあることも事実です。もちろん、女性だ、男性だといっても、人それぞれ性格も違うし、得意分野、不得意分野が違います。ですから、これからの女性の方々には、女性であることの長所は何かということとともに、自分の長所は何かを考え、それをどう活かすかを考えていただきたいと思います。大切なのは、自分をしっかりと見つめ、自分自身のことをよく知るという事ではないでしょうか。

自分の人生において
譲れないもの、
それは「誠実である」ということ

株式会社リリヤコーポレーション　代表取締役

板谷 國子　Itaya Kuniko

自身が大切にしている「精神」と、mirra 社の「願いと決意」が合致し、強烈に縁を感じた。日本国内総代理店独占契約をロシア mirra 社と結び、Miira-Japan 株式会社リリヤコーポレーション代表取締役の現在に至る。

直感を信じ、ロシアへ。〜ロシア国家プロジェクトの独占販売権の獲得

兄の妻であるロシア人女性・リリヤをきっかけに、私はロシアのmirra化粧品と出会い、一瞬でそのクオリティーと効果に魅了されました。「これに関わってビジネスができたら面白いかもしれない！ ロシアの化粧品を取り扱いたい！」。気づけば２００６年9月、44歳のとき、mirra社を訪問するためにロシアへ出国していました。

幼いとき、辛かったマラソンで周りの皆がしていた近道という誘惑に負けず、ゴルフでは自分自身の納得の行くプレーで正々堂々勝負。勝っても負けても、〝自分自身に誠実でいること〟に重点を置いてきたこの性格が、仕事での武器になっています。mirra社から事業計画の提出等を求められ、独占販売契約にあたり年間購買金額の交渉等いろいろありましたが、あきらめずに誠心誠意、私たちの熱意を伝え続けました。何としてでも日本で不動のものにする!──その想いで２００７年に独占販売権を獲得。

しかしスタートはしたものの、資料はロシア語。やり取りは英語。商品の成分表記のために医療専門の翻訳家探しに半年以上かかり、カタログづくり等では1年以上かかりました。翻訳料は英語1文字10円、ロシア語1文字20〜30円、専門用語であればそれ以上の翻訳料。多額の資金が飛んで行きました。しかし、私は自身が大切にしている「精神」と、mirra社の「願いと決意」が合致して、強烈な〝縁〟を感じていましたので、決して諦めない姿勢、揺るぎない誠実さで、本気で果たし続けています。

商品力の絶対的な自信・魅力

mirra社は世界医療の最先端であるロシアの国家プロジェクトにより設立され、製薬工場を生産ラインに持つ、ロシア科学技術アカデミーでの臨床データーを独自に取得できる会社です。医療、スポーツ分野などにおいても製品ラインナップがあり、皮膚トラブルや筋肉に悩んでいる人等、必要な方に必要な製品を届けます。本物の天然成分由来で、品質は間違いなく信頼できるものです。このmirra社からの独占販売権を獲得できたことが、弊社の最大の強みであり、製品に対して〝絶対的な自信〟と〝誇り〟を持っています。

日本で商品ブランドを守る力～姿勢・想い・努力

～mirraを使うすべての人たちが〝永遠に穏やかに美しく健康でありますように〟～mirra社のこの願いが私の心を動かしました。私はmirra化粧品に関わるすべての方に誠意を持って向き合える環境を整え、常に相手にだけではなく、自分自身にも〝誠実であること〟を大切に、この仕事に取り組んでいます。誠実であり続けるからこそ、自分に・商品に自信を持つことができます。商品に携わった仲間には、「良いものは良い、と嘘をつかなくていい商品と初めて出会えた」と言われました。私はこのmirra化粧品を大切に育てていきます。

mirra 化粧品を不動のものに ～日本国内に広める挑戦・課題

「何年かかってもいい。日本国内で mirra 化粧品を不動のものとしよう」と決意を固めてから、3年間は日本での地盤作りに試行錯誤しました。商品は、ネットでの安売り等の価格崩壊を避けたかったので、エステサロンからの販売のみに。2年目を迎えたとき、参加したお台場でのイベントで〝日本初のロシア化粧品〟〝ブラックキャビア配合クリーム〟として注目を浴び、代理店候補がたくさん出てくださいました。

そこで最も大切にしたことは、〝mirra 社の商品を、大切に扱っている代理店だけに商品を卸すこと〟。そんな取り扱い店舗からの口コミだけで mirra 化粧品を広めていきました。時間をかけてでも、〝大切に〟mirra 化粧品を広めていきたかったのです。〝本物の商品力〟で、現在も口コミで普及しています。mirra を通じて出逢った方々すべてに感謝いたします。

「運」と「巡り合わせ」

自分にとって必要なことは、良いタイミングで必然的にやってくるものです。自分の直感を大切にし、信じ、進み続けること。そうすれば自ずと道は開けると思います。降りかかる困難や、目を伏せたくなる現実…それらに直面した時にどうするのかで、その後の自分が決まります。日々の反省はしても、後悔は決してしたくありません。自分の進むべき方向を明確にし、確実に一歩一歩前進し続けているからです。日々の積み重ねが、目標に向かって手招きしてくれていると信じています。

先人の後を追い
改めて先人の苦労を知る

南海ケータリングサービス株式会社　代表取締役

榮本 信子　Eimoto Nobuko

89 年 11 月南海ケータリングサービス株式会社設立。
各種披露レセプションパーティー、ホットミールケータリング、イベントコーディネート、飲食全般。

初心を忘れず、信用を重んじ、人を愛し、仕事を愛し、すべては縁に感謝す。

夫の会社を引き継ぎ、存続させる挑戦

私はケータリング会社を経営致しております。元々は主人が経営していた会社でしたが、2008年9月に主人を突然亡くし、悲しみに浸る間もなく、事業を継続するか辞めるかの選択を余儀なくされました。当時約2億の借入残債と長年の債務超過を引きずり、黒字は出しているものの、経営状態は良好ではありませんでした。何度弁護士に策を相談しに行っても「清算・破産申請をするしかない」の一点張り。それは担保提供してくれている身内や保証人に対し、多大な迷惑をかけてしまいます。そこまでして、我が身を守ることが良策とは思えませんでした。

我が社の事業への取り組みは、大変魅力あるものと自負しておりましたので、社員一人ひとりに今後も変わらず頑張ってもらえることを確認し、返済計画を10年とし、銀行、国金に返済期間延長のリスケジュールを受託して頂きました。正常な企業となる為に有識者のお知恵を借り、何とか債務超過を減らすため、株式の増資と減資を致しました。借入金も約半分になった2013年、新たな金融先が借り換えに応じてくださり、リスケと言うレッテルが外れ、保証人も共に外すことが叶ったのです。

経営者としては不器用な選択であったと思います。「何年掛かっても返し切る」。自分自身に気合を込め、〝本気〟になったのはこの時です。昨日まで何の意識もせず、会社にとって在るべき姿が今日は居ない。カリスマ的存在で従業員を引っ張ってきた主人。引き継いだからと言って、同じように導けませんし、できません。焦りと己の不甲斐なさに、もがいている間も時間は過ぎます。悩んでいる今がすでに過去と思えば、少しは気が楽になります。

人力こそがすべて

南海ケータリングサービスには、一切の既製品、メニューはございません。コンセプト、ご予算、お人数をお伺いし、お料理・ドリンク・テーブルセッティング・設営備品・サービス要員までのすべてをお見積りし、立案させて頂きます。よって、一つひとつに〝人の手〟が入ります。オリジナル性は、担当者の頭の中で組み立てられて行きます。時間を掛け納得して頂けるまで、プランを立ててまいります。手間暇の掛かる仕事です。

現在はインターネット、facebook等の活用が目覚ましいですが、私は〝人力こそがすべて〟だと考えております。インターネットでの取引にはない、〝心を込めたオリジナル性〟を活かし、オンリーワンを目指し、一歩ずつではありますが、直往邁進に努めてまいりたいと存じます。会社が継続し続けていることは、従業員や周りの方々が支えてくれたことに尽きます。

私にできることから一歩ずつ

こんな私とでも、苦労を共にしてくれる社員に頭が下がる思いです。

我が社は、ケータリング業界では老舗です。移り変わりの激しい飲食業界の中で、存続の〝在り姿〟を考えたとき、社内のまとまりと、相手を思う心（利他）に尽きると感じます。

利益が無ければいけませんが、利益主体、安物競争は、いずれ自分の首を絞めます。お客様が我が社に期待をされ選んでいただけたこと。その期待に〝添えまつる〟という謙虚な思いが必要になってまいります。

宴会やパーティーのお開きの際に、「ありがとう。今日もよかったよ」と言って頂き喜びを分かち合う仕事って、すばらしいと思います。お客様の最高のシーンに花を添えさせて頂ける仕事に誇りを持って、ますます情熱を注いでまいりたいと存じます。

"らしさ"は、わたし色

いま私が心掛けていることは、〝らしさ〟です。現在、私の中で何か…「成し遂げたい気持ち」があります。この6年間、会社を守ることで精一杯だった私にできること、私だからこそできることを模索中です。〝らしさ〟とは、女性らしさ、女の子らしさ、大人らしさ、母らしさ、男性なら男らしさ、そして社長なら…とあり、それらには、言葉づかい、所作、姿勢、気概などがあります。この言葉の意味するものは、「自己の責任」ということに気づきます。近年、この〝らしさ〟が忘れ去られようとしている風潮も気に掛かります。これからの人生、〝らしさ〟を大切に考えてみてください。

二兎追うものは
二兎を得る時代へ

株式会社アビリティーズ　代表取締役

田中 三紀子　Tanaka Mikiko

結婚してもママになっても、一人ひとりの能力(アビリティー)を生かしたい。その想いが募り、2008年2月に株式会社アビリティーズを設立。自社のネットショップで培った実践型販売促進を自分らしく働きたいママと学生で展開中。

主婦から社長へ

私が起業したのは２００８年２月６日、45歳の時でした。「結婚してもママになっても、自分らしく生きていたい」。それは、私にとっては「働き続ける」ということでした。育児休暇もなく結婚退職が当たり前だった時代、どうしても働く事を諦めることが出来ませんでした。自宅で幼児教室を始めたり、育児サークルを主宰しながらもっと自分の力を試したい、チャレンジしたいと願う想いを心の奥に封じ込めていました。

その頃に、友人が作った一冊の手作りの絵本『お母さんはめっちゃ忙しい』に出会いました。「名前も変わった、仕事もやめた…私ってなんやろう…」その絵本の一文は、私の心に深く響きました。田中さんちのお嫁さん、ちーちゃんのお母さん。名前で呼ばれることもなくなり、評価されることもない毎日。私って誰だろう…この絵本を通じて、同じような思いを持つ女性たちが多くいることを知りました。そして、自分の能力を活かしながら、好きな仕事をイキイキとできる環境を作ろうと、45歳というやや遅咲きでのスタートを切りました。

ゼロからイチを生み出すということは、誰にも負けない強い想いがなければできるものではありません。「何があっても、絶対に絶対にぜったいに諦めない」。それは、起業という決断を反対もせずに応援してくれた家族と、これから出会う能力あふれる女性たちへ約束でした。継続は力なり、そう胸に秘めた起業でした。

強みを生かしあえる関係

起業のきっかけとなった、絵本『お母さんはめっちゃ忙しい』の出版を皮切りに、大阪・京橋でシェアリングスペースの運営をスタートしました。働きたいという思いを持つ女性のコミュニティを作っていく夢は現実のものとなり、セミナーやイベントの企画、アイデアはあふれるように湧いてきました。その矢先、実家の母が急死し、起業したばかりの小さな会社、実家と家をなんとか切り盛りする張り詰めた糸のような毎日が続きました。数か月後、無理が続いて、大事な家族が病気になってしまいました。「女性が働きたいと思うと、何かを犠牲にしなければならないのか」。途方に暮れる余裕もないまま、病院を探し、薬に頼った医療に不安を覚えつつも入退院を繰り返していました。そしてその時に、プラセンタと臍帯による細胞再生医療・免疫療法を知り、藁をもすがる思いで講演会を聴きに行きました。現在は大阪・東京・九州を中心に講演会の運営や自社サイトでの健康食品・化粧品のネットショップ「アビストア」を展開するきっかけになったのです。

自社のサービスや商品をより多くの方に知っていただくにはどうしたらいいか、試行錯誤する日々が続きました。世の中には、いい商品やいいサービスが沢山あり、それを求めている人も沢山います。しかし、その「伝え方」が的を射ていないと、思ったような成果には上がらないことも痛感しました。そこで、ITと実務に強い主婦と、アイデアと行動力あふれる学生による提案実行型販売促進チーム「Will Way」を2013年3月に立ち上げました。経験も技術もあるけれど、子供との時間を大事にしたい主婦と、ビジネスプランだけでは飽き足らない向上心とチャレンジ精神旺盛な学生は、お互いの強みが補完できる関係にあることに気がつきました。「わかっているけど忙しくて」「人材が足りなくて」——お悩みの経営者の方の立場に立って、提案するだけではなく、共に実践していくチームとして今後も展開してきます。

自分哲学　『あきらめない』

「人には、その人に相応しい困難がおとずれる」この言葉は、何度も私を支えてくれました。あきらめなければ、道は必ず開ける。その想いが道をひらくと信じています。

自分の人生の主人公に！

仕事も家庭も自分らしく生き生きと輝きたい、あなたがそう願うならどんな人にもなりえます。自分で自分の可能性を信じましょう。何かを犠牲にしなければ、仕事が続けられない、そんな時代を終わりにしたい。そして何よりも、自分自身の健康、大事な人の健康も守りたい。

「二兎追うものだけが、二兎を得る」。新しい時代はもう始まっています。一人の力は小さくても、決して無力ではありません。

人間万事塞翁が馬

富士電子工業株式会社　代表取締役社長

渡邊 弘子　Watanabe Hiroko

昭和35年創立の富士電子工業㈱にて、2008年3代目代表取締役社長に就任。高周波誘導加熱装置の開発・製造、同装置による受託加工を手がける。約800件の特許・実用新案をもつ。今後は国内に目を向け、日本の技術を守り、高めることに力を注ぐ。

雑用からのスタート

大学を卒業して社会人3年目の時、家業である富士電子工業㈱で働き始めました。当時は継ぐ気は全く無く、単に転職した感覚でした。1年目は原価管理を任されました。90年代は新しいシステムをつくる過渡期でしたので、当時ワープロを使ってシステム直しをしたり、伝票を作ったり、総務の資料を作ったり、雑用をしていました。雑用をしている中、会社は技術的にはすごくいいものをつくるのに、書類が整理されていなかったり、受注管理がされていなかったりと、組織自体に不十分なところが多いということが目につくようになりました。

1年ちょっと経って、ずっと念願だった営業職への異動が実現。しかし、機械系・金額の大きい装置（安くて何百万、高くて億を超える）の営業です。女性の営業は見た事がありません。最初は電話番だった私。「とりあえず男の人にかわって」、「帰ってきたらかけてもらって」という感じでした。しかし、自分がきちんと対応できれば、取引になります。「少しでもお話ししてみてください」と言って、ある程度ちゃんと対応すると、「お姉ちゃん、よう知ってるやないか」と言って頂けました。営業成績を上げ、営業部長に昇進。その後常務取締役に昇進し、2007年、アメリカの経済悪化から、製造業はオーナー系の人間が一番上で旗を振って、即断即決ができないと今後難しい景気になると判断し、自ら代表取締役に就任しました。

拓・創・匠

弊社は、高周波焼入——IH焼入による、熱処理技術を武器に、ものづくりのソリューションを提案し続けています。技術開発の研究から取り組み、その技術で機械を製造し、そして受託加工をする、という三者の顔をもっています。発注前の研究開発・試作開発の研究からメンテナンス後まで、何十年も携わることが可能です。技術開発・製造・加工、それぞれの情報の交換ができる、この工場や部門ごとの「連携」が、弊社の強みです。

職人の技術とニーズのバランスをつくる、チームづくり・ルールづくり

父の代と違う点は、事務方の強さです。90年代、日本の大手メーカーは海外進出へ乗り出し、取扱説明書などで書類での英訳を必要としました。作り手からすると英訳は補助作業でも、使い手からすると、外がしっかりできていない会社=中が弱い会社という印象になってしまいます。技術が本当に強いからこそ、周りを強くしました。また、これまでは営業スタッフと、製造・技術スタッフのバランスが凄く悪い会社でした。売り手ばかり強くてもだめ、作り手ばかり強くてもだめ。作り手は、最高の技術を持っていても、お客さまの見えない要求を上手に刷り上げていくことが必要です。自己満足で終わってはいけません。営業の声も「売れるものはこれです」と的確に伝えなければいけません。お客さまのニーズとマッチングした技術、というバランスをとることを、社長になる以前から取り組んできました。

日本の技術は、死なせない

弊社は50％以上が海外輸出ですが、今後は、国内に目を向けていきます。これ以上海外に工場を移し、製造していくとなると、日本の技術は、死にます。日本の国内メーカーに投資を増やすべきです。本来は、自分たちで作るものを抱えながら、お客さまを抱えながら、次のものをつくれるのではないか。国内の技術を高めることに力を注ぎます。また、私は会社が心から大好きです。もっと会社を育てたいし、一番に意見が通る企業＝一番良いアイデアが出せる企業＝一番強い、世界のどこにでも通用する、そういう意味で強い会社にしていきます。

人間万事塞翁が馬

物事は、悪く見えていても、あとから良いモノにもなる。―雑用仕事に嘆く事なかれ、です。雑用係って、勉強になるんです。私は雑用で会社の強み・弱みが見え、一般社員が不可解に思っている事を知り、管理職になった時は楽でした。雑用というと腰掛け半分、お手伝い気分の女性が多いですが、「手伝いばっかり…」ではなく、ものは想いよう、「絶対役立つから！」と思ってやることで、次の提案につながるものが見つかります。もっと女性は強くなれるはずです。―女性には、「しなる強さ」を持って欲しいです。

誠実に、謙虚に、生きる。

しぶや総合法律事務所　弁護士

渋谷 麻衣子　Shibuya Maiko

山口県出身、大阪大学法学部卒業。2000年大阪弁護士会登録、2009年事務所開設、2010年家事調停官任官。大阪市北区天神西町5番17号アクティ南森町ビル3階　電話06－6316－6110
http://shibuya-law.com

女性弁護士として生きる―独立開業の苦労

将来の進路を考えるにあたり、父の言葉―「女性が仕事をしていくのなら、何かしら資格を取った方がいい」―この言葉が、学生のころの私に大きな影響を与えたように思います。

私は法学部に進み、司法試験の受験を決意し、両親に勉強に専念させてもらいたいと頼みました。家族の支えがあったからこそ、苦しく辛い受験期間を乗り越えられました。

2000年に大阪で弁護士として登録。勤務弁護士として働くようになりました。

2009年、同業の夫とともに、自分たちの法律事務所を開業。

独立してからは、もちろん経営の苦しみ、重みを実感することはありましたが、それだけに「私を頼ってくださる依頼者の方々の支えになりたい」という思いが、よりいっそう強まりました。

また、ありがたいことに、女性であることがネックになったというような経験はありませんでした。女性の依頼者の中には、「女性弁護士に相談できて良かった」と言ってくださる方もあり、大変うれしく、またありがたく思う瞬間でもあります。女性弁護士に相談できて良かったと思う理由として、「質問がしやすい雰囲気だった」、「話したいことをしっかり聞いてもらった」などと言っていただくことがよくあります。

常に誠実に、謙虚に、最善を尽くす

私の事務所では、依頼者の方のお話を丁寧にお聞きし、依頼者の方のニーズを敏感に察知し、ベストな結果が得られるよう、常に最善を尽くすこと、これを、他の誰でもなく、私ども自身がすべて請け負う、というスタイルを貫いています。直接お話を伺い、依頼の当初から途中で何度も打ち合わせをさせていただくことによって、きめ細やかな対応ができると自負しております。また、丁寧で綿密な連絡を重ねることにより、依頼者の方との信頼関係を築き、どんな些細なことでも気軽に質問していただけるように努めています。「一人ひとりの依頼者の方にとっては、最初で最後かもしれない困難な問題に対して、常に誠実に、真摯に取り組み、依頼者の方と一緒に問題を解決する」。これが弁護士としての在り方であると実感しています。

「難しい専門用語で説明されてよく分からない」、「質問しにくい雰囲気だった」、「あまり話を聞いてもらえなかった」といった弁護士に対する不満を耳にすることがあります。私は、弁護士である前に、「一人の人間として、目の前の相談者の方に対して、常に誠実に、謙虚に対応したい」という思いを強く持つようになり、この姿勢を、より大切にしています。

弁護士スキルの向上

これまで私は、離婚問題や相続問題に関わることが多く、一つ一つの事件から多くのことを学ばせてもらいました。

縁あって、２０１０年10月から、非常勤裁判官として家庭裁判所で週１回離婚調停に携わっています。一弁護士として関与できる事件数には限界がありますが、裁判所では多種多様な事件に関わることができるため、非常に勉強になりますし、弁護士としてのスキルアップになっています。

女性だからこそ多様な役割を果たす

女性が仕事をしていく上で、結婚や出産、育児といったことをきっかけに仕事を辞めるという選択肢もあります。

ただ、仕事に対して、少しでも未練があるのなら、二足のわらじを履いてみてもいいと思うのです。担う役割の数が多いほど大変ですが、喜びや充実感もまた2倍、３倍になります。いろいろな役割を演じられるのは女性だと思います。

いつも自分らしく
誠心誠意

有限会社フカガワ　代表取締役

山本 祐美子　Yamamoto Yumiko

日本航空国際線客室乗務員を退社後、エアラインスクール講師として勤務。その後子育てに専念する。自身の入院経験から【どんな時も自分らしく】をコンセプトにパジャマ製作を始め、2009年入院・介護用品、雑貨の通信販売を開始

不安と戸惑いのトンネルの中で見つけた新しい道

「入院用パジャマ」の製作のきっかけをつくってくれたのは、突然の病気でした。40歳の時腫瘍が見つかり、人生初の入院・手術。留守中の家族の生活を整え、自分の入院のため準備したモノを見て愕然としました。それは、私を病人に仕立て上げるに十分なモノたちでした。病気という現実は、昨日までの普通の生活を一気に絶望に近いものにさせ、そして関わるものが自然に色も形も変えてしまうようでした。

「病は気から」というけれど、気持ちを上向きにする入院用のアイテムがないのです。普段着ないようなパジャマを手にした時、「私らしくないパジャマが最後の服装って嫌だな」と、もしものことを想像してひどく落ち込みました。しかし術後、悪い状況ではなくなったとわかった時、ノーメイク・ノーブラでも、「凛として存在することのできるパジャマは無いものか。無いのだったら私が探そう！　みつからなければ作ろう！」と考えました。

「死」という文字が自分の前に一瞬でも現れたことと、40歳という年齢。少なくとも半分くらいの人生を生きてきて、あとやり残したことはないかと考えた時、「もっと自分らしく、何でもやってみたい」という気持ちがふつふつと大きな力となって、会社スタートへと動かしていきました。

これがパジャマの製作販売の始まりでした。13年間の専業主婦生活に区切りをつけて、新たな道へと最初の一歩を踏み出したのは術後5日目のことでした。

「入院中も自分らしく」を提案

弊社では、輸入雑貨の販売と共に、「どんな時も自分らしく」を実現する、入院時にも着やすい、〝パジャマの製作・販売〟に力を入れています。自身の入院時、「私らしいパジャマがあれば、自分を失わずに入院生活を送れるのに…」と感じた想いをカタチにして、今では全ての方が普段好きな服を選んでいた時と同じように、入院生活もおしゃれを楽しめるパジャマを提案し続けています。

「細部に手の届くモノづくり」と「モノ選び」

20歳から7年間のCA時代で私が学んだものは、「一期一会」、「誠心誠意」、「やってあげるではなく、させて頂く」という3つのことばに集約できます。これらは今も私の考え方・立ち方の基になっています。CA時代の経験は私の体の中に在り、現在の「そこにあるモノだけで工夫する」という行動は、その時得た習性ではないでしょうか。たくさんのモノはいらないのです。一つのモノをあれにも使い、これにも使うというふうに、幾通りにも働いてもらう。私のモノ選びの基準です。私も使えて、おばあちゃんも使える…。入院用のモノを探していた時に感じた、「普段と違う居場所に置かれてしまう」という不安感も、こんなモノ選びなら少しは軽減されるはずです。

その後、主婦・生活者としてモノを選び、様々な世代の人たちと接してきました。これは立派なマーケティングです。CA時代、世界各国で見たもの、多くの出会いで教わったこと、そして主婦としての感覚を活かし、「細部に手の届くモノづくり」と「モノ選び」をする。これが私の会社の行く道だと信じています。

「なんだか入院してみたくなっちゃうデザインね！」

開店直後、こんな感想が寄せられました。「50歳になった時、病気への備えのバッグを作りました。80歳の母と私の備えです。この中にパジャマを入れました。ふたりでパジャマを着てみたら、母が「生地もデザインも素敵。なんだか入院してみたくなっちゃうわね」と笑いました。私も同感です」――この感想が、どれほど嬉しかったことか。改めて、人が喜ぶデザイン、生地選び、素敵なものづくりに強くこだわっていこうと誓いました。

日々の中にチャンスがある

私の場合、病気の中で新しい道を見つけたと言ってもいいでしょう。日々の中に、発見のタネが無数に存在するものです。ぶち当たる壁や芳しくない出来事に対しても、その意味と値打ちを知ろうとする気持ち、どんなことも大切に丁寧にする気持ちは、常に自分を新しい道に導いてくれると思います。

為せば成る　成らぬは人の為さぬなりけり

割賦百貨店　株式会社井野屋　代表取締役社長

河上 和実　Kawakami Kazumi

就職先で同期として夫河上隆信と出逢い結婚。夫は家業である割賦百貨店㈱井野屋に戻り経営者となり、会社再建の為05年民事再生申請、再建半ばで、ガンに侵され死去。4人の子どもの専業主婦であった私が2010年4代目代表取締役社長となる。

「根付いた"伝統"は思っていたよりも深かった」~突きつけられた運命と挑戦

サラリーマン家庭で育ち会社経営とは関係なく生活をしてきた私と、大企業の経営者家系の夫。闘病生活で日々弱っていく夫の死を覚悟することはあっても、私が経営者になるとは全く思っていませんでした。「会社の誰かが引き継ぐだろう…」と思っていると、夫の口から「君しかいない。後を頼む」と言われたのです。「知識も経験もない私が出来るわけない…」最初は断りました。夫は、会社が一番、家族は二番。民事再生中もずっと身体が痛いことを隠し、会社の為に頑張っていました。夫は常に会社の事を心配していました。「あなたがいなければ、私はここにいる意味がないのです。あなたがいなくなったら実家に帰らせてください」とも言いました。亡くなる4年前の事です。

民事再生手続きの中、夫の心身の疲労はひどく、おまけに家・財産も奪われるという時、私はそんな状況から夫を解放したくて「もうこんな会社潰れたらいいじゃない」と言いました。その時です。普段温厚な夫の怒った顔を初めて見ました。「社員、家族合わせて何百人がうちで生活していると思っているんだ。皆を路頭に迷わすわけにはいかない。皆の生活を守る為、頑張るしかない」。夫は常に会社の事を心配していました。そんな夫に「君が代表になってもらわないと困るんだ」と何度も言われ…私は渋々ではありましたが、夫の後を引き受けることを了解しました。私を待っていたのは独特の数字世界での経営と、井野屋存続に関わる負の伝統。今も挑戦が続いています。

粋涯（生きがい）を提供する〝あなた〟専属百貨店

井野屋のテーマは「粋涯（生きがい）を提供する〝あなた〟専属百貨店」。「粋涯」とは〝生き甲斐〟から創った造語で、生涯を粋にお洒落に生きてほしいとの願いから創りました。割賦百貨店とは、お客さまの分割払いを自社で賄うという仕組みの百貨店です。おまけに井野屋は無担保、無金利。貸し付けの審査も割賦の回収も自社で行うので、普通の小売業より社員も多く、経費も高くなるので、粗利をよく考えなくてはなりません。この仕組みの中で黒字経営を目指しています。

知識も経験もない私の強みは、消費者としての目です。これから会社はどこに向かって行くのか社員に示すことが出来る水先案内人になればよいと思っています。これからの井野屋は、子育ても終わり、自分の時間を持った女性にライフスタイルの提案だけでなく、新しい交流の場や体験などを通して人生を楽しくする場を提供したいと思います。まだまだ掛け声が足りないのですが、新しい形に向かい、私の本気度２００％で今後も頑張り続けます。

古い接客意識の改革に挑戦

井野屋のお客さまの中心は60~70代の女性です。昔からの何十年のお付き合いのお客さまばかりです。現在は新しいお客さまを増やすことが急務なのですが、旧態然とした店構え。社員も高齢化がすすみ、お店にお得意さまがやって来ると見せる笑顔も、初めて見るお客さまには「誰これ?」という態度です。社員の意識変革・教育が現在抱える課題です。しかしながら意識改革は順調に進んでおりません。根付く伝統を変えることは想像以上に難しいのです。

〝人生のパートナー〟〜愛する、大切な、パワーの源

仕事優先だった夫でしたが、闘病生活最後の2年間は、ずっと一緒に居ることができました。私達夫婦は仕事のパートナーとして知り合い、お互いの信頼関係があるところから恋愛が始まりました。感性が似ていたのでお互いの考えが手に取るように解る関係で、笑いの絶えない家庭でした。見かけによらず愛情表現もちゃんと口に出してくれる人でしたので、何年経っても妻としての幸せを感じることができました。勝ち負けや駆け引きなどは必要ない、ありのままの自分をさらけだせる相手を見つけることができた私は幸せでした。仕事人間だった夫は、私を喜ばす為いつも「仕事を引退したら、世界中を一緒に旅しよう！」とか「全国のおいしい物を食べに行こう！」と言っていました。夫が亡くなってから一番さみしく思うのは、楽しそうにしている家族ではなく、手を取り合って歩く老夫婦を見かけた時です。こうなるはずだったと思うと、つい──「うそつき！」と夫に言いたくなります。私は「この人」と思える人を早くに亡くしてしまいました。もっと一緒に居ることができればもっと頑張れたのに、と強く想います。

──〝人生のパートナー〟、大切にしてくださいね。

人事を尽くして天命を待つ

株式会社笑顔音　代表取締役社長

菊本 美和　Kikumoto Miwa

2010年㈱笑顔音創業。介護向けアパレルブランドの製造・卸し・販売、服飾企画全般を行う。ファッションデザインの基本コンセプトは「着て美しい服」。人が体を入れることによって生まれる生地のシルエットや動き、そして着心地にこだわる。

アパレルと介護現場との狭間

2010年3月31日、私は自ら管轄の法務局に赴き、法人申請を行いました。長年フリーのデザイナーとして自由に仕事をしてきた自分が、『起業』するという人生最大のハプニングに、興奮と、誇らしいような気持ちと、恐れにも似たドキドキ感を抱えて。

私が長年に渡る介護家族としての生活がキッカケで介護衣料に興味を持ったのは自然なことでした。何かできないか?と考えている時、ある介護福祉士さんの依頼で今の製品の原型であるプレタ介護エプロンのサンプルを仕上げました。その瞬間デザイナーとして〝作る側〟だった自分が初めて、「〝売る側〟になってみたい!」と思えたのです。そこからは迷いもなく半ば成り行きでの起業でした。何よりも作り手にありがちな〝自惚れ〟で、製品に対して自信満々、きっとすぐに上手くゆく!と信じていたからです。今思えば、なんて無計画で甘い判断だったかと。製品自体は珍しかったのか、どこでも褒められ話題にしてもらえました。が、いつも販売に繋がらず、そこでストップ。アパレル感覚でお洋服としてのプライスゾーンと、介護現場での汚れ防止エプロンとしてのプライスゾーンがうまく折り合わず…。でも一度は使ってほしい!と利益度外視で販売することの繰り返しでした。

試行錯誤の日々―お客さまやファッションショーでのシニアの笑顔、ご家族・スタッフの笑顔が私の背中を押し続けてくれて、現在の笑顔音に至ります。

「介護衣料」ではなく、サポート機能付きファッション「サポートプレタ」

㈱笑顔音は、ハイセンスなプレタ介護エプロンをはじめ、シニア向けファッションを通して、笑顔のネットワークを広げる活動を行っております。

笑顔音のモノ創りは、今までもこれからも『ファッション』というスタンスです。『汚すと始末に困るから』エプロンを着けるのではなく、着る人の立場で『汚してしまうと恥ずかしいので』洋服を汚れないよう加工する。このベクトルは変わりません。でも実際にハードな現場を担う介護士さんやご家族の、時に厳しいお話がほんの少しでもやわらぐお手伝いができるよう、その努力もエンドレスです。

「介護衣料」ではなく、全ての人をサポートするお洒落なお洋服、「サポートプレタ」の名にふさわしいように。ハンデをサポートするファッションが当たり前にお洒落な、世の中を創るために。

「ハートフリーレストラン！」

２０１３年、経済産業省の小規模事業活性化補助事業に採択され、新ブランド「ハートフリーレストラン！」を発表しました。施設でのお食事タイムを楽しく明るくしたいという想いで要介護者と介護者のエプロンコラボレーションを提案しています。無謀にも成り行きで起業し、けっこう大変だった４年間の集大成です。

認知症だろうが寝たきりだろうが、人が人である限り『装う』ことは生きる喜び！

施設や家族会で、ファッションショーも開催しています。その度に感じる想い――「認知症だろうが寝たきりだろうが、人が人である限り『装う』ことは絶対に生きる喜びなんだ！ご本人にとっても、それを支える人にとっても‼」――この想いは、起業時よりもずっと強くなっていました。負けそうにブレそうになる心を引き戻される瞬間です。

業界の状況も少しづつ変わってきました。4年前は聞く耳も持ってもらえなかった、介護とお洒落の話、たくさんの方々に興味を持ってもらえるようになってきたのです！諦めないで良かった！続けてきて良かった！起業して、本当に良かった‼

応援してくれる人

物事にはは必ず意味があるとよく言われるのですが、うまくゆくとは限らない。しんどい時、それが正しい事か？自分に取って好ましくない事か？解らなくなった時は周りの人の顔ぶれを見ると答えが出る気がします。なかなか受け入れてもらえずしんどい日々が長かったですが、この仕事を始めて知り合った面々は本当に素晴らしい人ばかり。その人達がこぞって応援してくれている、これこそが神様がこのまま頑張れ！と言ってくれてる証拠だと思います。

亡き夫の意志を継ぎ
家族や社員、皆の為に
私がやらなければ！

株式会社ハナオカ　代表取締役

花岡 末子　Hanaoka Sueko

株式会社ハナオカ　代表取締役。82 年創業。菓子製造・卸業。お取引先は、卸問屋・小売店・スーパー・百貨店・通販企業・量販店など。
URL:http://www.gift-hanaoka.co.jp

私なりに頑張ってみよう。夫の他界…二人三脚からの覚悟

当社は、菓子製造・卸を営む会社です。亡き夫が昭和57年3月に創業いたしました。夫はカリスマ的な商才があり、とてもワンマンな社長でした。いつも前向きで、どんなに厳しい状況の中でも「大丈夫。俺に任せておけ！」と言ってくれていました。当時は、夫の言葉を頼りに、二人三脚、同志のように頑張ってまいりました。そんな夫が他界し、経営を一人で引き継がなければならなかったとき、不安と悲しみ、やり切れない思いで、心身共に押しつぶされそうになっておりましたが、「夫が築いた会社を、今ここで私が辞めるわけにはいかない。社員たちの働く場を提供するために、私自身のために。今度は私が『大丈夫、私が何とかするから』と皆を安心させてやりたい」と、覚悟を決めました。

私は、自分の一番大切な方へ贈る気持ちで、食べていただく気持ちで製品作りに励んでおります。食品の製造は大変難しく、デリケートな商品であります。衛生面には最も注意を払いました。製造工場を作る際、保健衛生面でクリアしなければいけない問題があります。システムを整え、莫大な費用をかけて機械を揃え…大きな賭けでもありました。人様の口に入るもの、失敗は許されない──そんな思いで日々励んでおります。解らないことは些細なことでもプロに訊き、天性の勘と粘り強さで何度も試行錯誤を重ね、より良いものを提供するために、その一心で製品作りに携わって参りました。

贈る方と贈られる方の〝心の架け橋〟となる商品づくり

当社が一番得意といたしますのは、お中元やお歳暮、冠婚葬祭等でご利用いただく進物商品です。贈る方と贈られる方の心の架け橋になれればと、そんな思いで商品に携わっております。自分の一番大切な方へ贈る気持ちで、食べて頂く気持ちで製品作りに励む。商品への想いこそが〝真心〟の表れ、おもてなしの心だと思っております。

お祝い用と、仏事用等、シーン毎に商品の色や柄も変わります。地方によっても、例えば熨斗は包装紙の内側に直接商品にお付けする内熨斗と、包装後にお付けする外熨斗の違いがあり、TPOや〝しきたり〟によって対応が変わります。心・想いを大切に、真剣にお客さまの想いと向き合いながら、本当に喜ばれる商品をつくりたい、そのような想いで取り組み、商品を提供できることが、弊社の強みであります。

「お蔭様」という感謝の気持ちを持って

私が一番大切にしていることは、「お蔭様」という感謝の気持ちを持って人に接することです。私は社員に支えられてこその経営者です。従業員、お取引先様のお蔭でやっていけるのだと心より感謝して、接しております。そのお蔭で、私が引き継いでからの離職率は0%を更新しております。甘いのかもわかりませんが、いつも社員たちに言うことは、「人間はミスをするものです。起きてしまったことをきつく叱るつもりはありません。大事なことは、なぜ、そのような失敗をしたのか、どうすれば失敗をせずに済むのか。そして、その失敗は自分だけのものではなく、その教訓を必ず皆で共有し、皆が同じ失敗をしないように、お互いに気を付けましょう」と伝えています。社員が定着することでレベルアップにつながり、ミスや失敗も減り、生産性がはるかに向上しました。例え売り上げが落ちても、生産性の改善で利益率の向上にもつなげることができました。

「天知る地知る子知る我知る」

外国の方から驚かれる日本の風習に「無人販売」というものがあります。誰も見ていない場所での代金と商品の引き換え。これは「天知る地知る子知る我知る」の精神だと思います。常にその精神を忘れずに、まっすぐでありたい。――この言葉は私の支えでもあります。食品偽装の問題等、お客様がわからないからと、利益目的で産地を偽装する問題がニュースを賑わすことがありました。このような問題も、「天知る地知る子知る我知る」の精神をもってすれば、たやすいことです。何が正しいのか。嘘は必ず皆が知ることになるのです。すぐにではなくても、必ず暴かれます。知られなかった期間が長ければ長いほど、その反動は大きくなります。後悔先に立たず。常に正直にあれば、これほど強いことはありません。人を騙して得る利益など、信頼を得る利益に比べれば、小さなものです。

自分の意思で人生を選択し
人生に責任を持つ時
幸福の女神が微笑む

株式会社ミヤコケミカル　代表取締役

阿部 あい子　Abe Aiko

京都を拠点に化粧品・美容機器の研究開発・製造を行う。化粧品を通して世の人々を笑顔にし、世に貢献することを掲げ、他にないオンリーワンのモノづくりを行い京都から全世界へ発信している。

過去の自分を断ち切る決断

私は2つの会社を経営するシングルマザーです。そういうと「大変やなぁ」、「凄いね、良くやるわぁ」とよく言われますが、私は大変でも凄くもなく、幸せな〝ラッキーウーマン〟です。でも、20代までの人生は全く逆でした。10代の頃は3度目の新しい母親と馴染めず、学校ではいじめに遭い、家にも学校にも自分の居場所がなく、この世の中は自分を必要としている人は一人もいない。生きている価値が私にはないんだ。そう思って自殺を考え、海岸線の堤防に立ったときのことを今でも覚えています。

高校卒業後は父の会社に入社し、激務をこなす日々。この時も変わらず信頼できる仲間もおらず、孤独でした。支店や店舗の立ち上げで数百人の採用と解雇を行い、いつか解雇する時がくるかもしれない…そう思うと、誰とも打ち解ける事ができませんでした。しかし、「こんな人生は嫌！」――そう思い30歳の時、私は〝過去の自分を断ち切る人生最大の決断〟をし、父の会社を辞めます。

この時、私は気付いたのです。これまでの人生を私は自分で選んでこなかった――。不満を感じながらも流されて生きてきてしまったのだと…。

これからは自分の意思で人生を選択しよう！　そう強く思ったのです。その後、信頼できる仲間に出会って会社を興し、そして再び父の会社に戻って継ぐことになりましたが、以前の私とは違い、毎日大変ながらもやりがい持って生きていけるようになったのです。

会社再建という場面で、果敢にチャレンジできる自分に

2代目社長となった私を待っていたのは会社の再建でした。最盛期は年間40億の売上を上げ利益を上げていた会社も、現在は売上が激減し、会社再建のために新たな新製品の開発が必要でした。限られた資金の中で新商品の開発をスタートさせ、〝もし、売れなければ会社の未来はない！お客様に喜んで頂ける今までにない商品を作らなければ！〟そんな必死の思いで新商品の業務用痩身マシンを完成させました。完成当時、知人の女性のお腹で試すと、たった1回でウエストが7cmも減り、その効果に私たち一同は驚きました。これなら売れる！　そう確信し、その思惑どおりこの商品はヒットし、現在も売れ続けています。

そして、化粧品製造分野では、「国内最小ロット100個から作れる自社ブランド化粧品」の製造を始め、順調に売上を伸ばしています。この企画は、今まで生産ロットが多くて自社ブランド化粧品を作りたくても作れなかった方々の夢を実現したいという想いから生まれました。2013年からは、自社の安全・高品質な化粧品・美容機器を武器に、アジア市場への販路拡大にも力を入れ始め、人口増加が目覚しいベトナムでの取引も始まりました。少子化で需要が減少する日本国内だけで商売をするのは将来の会社にとって非常にリスクになると考えたからです。このように私は会社を継ぎ、会社の再建という難しい局面でありながらも、やりがいをもって自分の意思で果敢にチャレンジできるようになったのです。

新たな使命をもち、一生を捧げる仕事

現在は、働く場所がなく子どもたちの教育も十分でない発展途上国のことを知り、会社の売上の一部をカンボジアの高度教育支援「シーセフ」に寄付する活動を始めました。今後は、さらに会社を発展させ、カンボジア・ミャンマーなどのメコン地区の発展途上国の国々に化粧品工場を建設し、雇用を作りたいと思っています。働く場所と知恵を用意し、自分の力で生きていける支援をすることで、子どもたちの未来を作れるからです。〝化粧品で雇用を作り、世界中の子どもたちを幸せにすること〟を、これから一生かけてやっていこうと私は決めたのです。

幸せな生き方を〜幸福の条件〜

今、私は可愛い子供を授かり、夢を語れる仲間や従業員さんがいて、そして語った夢を力合わせて実現しようと頑張ってくれています。私は想いを現実にできるラッキーウーマンになり、今まで生きてきた中で一番幸せな人生を生きています。もし、今不満を抱えながら生きている人がいるとしたら、その人は「他人の人生」を生きているのかもしれません。人生は1度きり、勇気を持って自分で人生を選択してください。自分の人生に責任が持てるようになった時、初めて幸福の女神が微笑むのです。

幸運の女神は努力しつづける者に微笑む
"Lady Luck smiles on those who continue their efforts"

一般社団法人酵素フード協会　代表理事

錦 弘美　Nishiki Hiromi

世界中の人を笑顔に！ 2011年酵素フード協会設立。一生の美と健康を手に入れる"食スタイル"をテーマに価値ある情報を広め、"健康と食"について学ぶ。資格取得でのスペシャリストも育成。女性の心・体・経済の健康をサポートします！

人生に訪れた体調の悪化と両親の他界　～わたしの〝使命〟

私は起業後、子どもが3歳の時に母子家庭になり、息子を育てていくため「死ぬ気で仕事を成功させよう」と覚悟を決めました。

―母、強し！仕事は成功、40歳を超える頃には財産も大きくなり、この頃には仕事が〝自分の贅沢のためのもの〟になっていました。

ある日、胃、肝臓、子宮が病気に。薬が手放せない日々が6年間も続きました。そして両親が病気で他界。―贅沢な生活習慣・食事が私たちの病気の原因。それを知っても、贅沢をやめられない日々が続いていました。

ある時知人からの誘いで2日間〝断食〟を経験。―〝自然の野菜〟は、どんな贅沢な食事よりも美味しい！と感じるように。そのまま食について勉強を始めると、私の病気だらけの身体が嘘のように元気を取り戻していました。「私が食の大切さ・パワーについて伝えていくことで、世の中は健康で、笑顔の人が増えるのでは？」と思うように。しかしその傍ら、今の仕事を辞めてしまうと〝生活のレベルが落ちる〟ことが怖く、踏み出せずに3年ほど過ぎました。そんな時義兄が脳梗塞に。生活スタイル・食についての反省を涙ながらに語る兄は後遺症で半身不随となり、今でも車いす生活を続けています。

ついに「健康になる食のスタイルを広めなくてはならない！それが私に与えられた使命だ」と気づき、「やらねば！」と大決心をしました。

身体に命を吹き込み、心を健康にする食のパワー！

現在、全国100ヶ所以上あるカルチャースクールで酵素フードの資格講座（酵素スムージー・酵素スイーツ・酵素ダイエット講座）を開講しています。催事等で市民の方々への普及活動や、資格取得をした女性への起業・ビジネスサポートにも力を注いでいます。

私が病で薬を手放せなかった時―食の勉強をして自分の食生活を変えていくと、たった1ヶ月で、病気でボロボロだった身体が健康体になりました。この経験は衝撃でした。胃痛が治まり、入院さえ必要と言われていた肝臓も標準に。何より、生理のたびに動けないほどの激痛に襲われて1歩も動けなかった身体が、嘘のように元気を取り戻していました。自分自身が一番驚いたことです。いつしか、大嫌いだった野菜が好きになり、食卓に野菜がないと〝物足りなさ〟を感じるようになっていました。この経験から「健康になるには、食生活と生活スタイルを改善しよう！」と勧めていました。ところが、残念なことに、ほとんどの人が「自分は健康だ」と思い込んでいて、食生活をアクティブに改善しようという動きまで至っていないことがわかりました。

相手を惹き付ける、想い・情報の広め方

実は、私は健康体になったことと同時に、約3ヶ月で体重が15キロ減っていました。肌も綺麗になり、まるで20代の頃のようなパワーがわいてくるのを感じるように。夜も熟睡、体のだるさや冷えなども感じなくなっていました。そしてこの頃から〝イライラ〟という感情が少なくなりました。

スタッフや友達と冗談を言い合えるようにもなり、人とのコミュニケーションが上手くいくようになったのです。(それまでの私は、スタッフからはとてつもなく怖い存在だったそうです…。)

そこで私は、〝食・健康に関する情報〟と同時に、何をしても痩せなかった私が、無理なく15キロのダイエットに成功したこと、見た目も15歳以上若く見える!と言われるようになったことも伝え始めました。すると!女性たちが揃って興味を持つように。受講された方の口コミから、お蔭さまで有名雑誌や新聞、TVで取り上げて頂き、活動が広まっていきました。世の中の多くの人が興味をもち、必要とされるものを考えることが鍵です。

「自分の使命を感じ、気づき、信じ、突き進め」

自分を信じること!お金を目的とするのではなく、自分の使命を感じ、それに気づき、自分を信じて、ただひたすら突き進む!それが間違っていなければ、必ず自分への追い風が吹く!ただ、やみくもに進むだけでなく、かしこく学びましょう。そして、自分の立場から見るだけでなく、全体を見れる目を養って、柔軟に、素直になって生きて欲しいです。

考え続ける情熱
進み続ける勇気

株式会社センショー　代表取締役

堀内 麻祐子　Horiuchi Mayuko

㈱センショー代表取締役、全国鍍金工業組合連合会女性経営者部会副部会長。事業内容：電気めっき、化学めっき加工。多額の負債を抱えた町工場を再生させ、日本の誇るべきめっき技術の継承と男性中心のものづくり業界での女性の活躍に力を注ぐ。

12億の負債が、1億になるまで～創業80年の家業の存続

私の会社はめっき業で加工業です。大阪で従業員30名のめっき工場を経営しています。家業であるめっき工場は叔父が社長でした。しかし叔父が突然倒れ、その後発覚した、工場の22億の借金。約20年の間、専務であった私の父が実質の経営者として会社を守り続けました。しかしそんな父が癌と宣告され、死期を悟り私を会社に呼んだのです。会社と社員を、私に託そうとしたのだと思います。逃げるわけにはいきませんでした。2010年父が亡くなり、私が会社を引き継ぐかどうか迷っていた時の借入れ残債は12億ありました。年商3億程度の町工場です。そんな会社がこれだけの借金を抱え、私は正直社長になることを迷っていました。

40歳で初めてこの業界に入り2年半、社長の娘でもない私が背負う必要はないと周りは心配し、反対しました。しかし叔父一族の自宅や生活、他の身内も会社におんぶに抱っこの状態。いつまでも迷っている時間はありませんでした。「この会社は生き残る事ができるのか社員を守り続ける事ができるのか…。」30名の社員を路頭に迷わせるワケにはいかない。…半年間考えた結果、私は会社と社員達を守る事を第一に考え、2011年4月、㈱センショーを設立しました。この時私は創業80年という家業の会社を捨てる覚悟、そして身内を断ち切る覚悟を決めたのです。形を変えてでも会社を存続させる事、一担すべてを断ち切るという選択、これしかすべてを守る方法がなかったのです。2013年9月、工場の借入れは1億になりました。

私と工場を支えた社員達のプライド、そして職人魂

「先の見えない会社から、未来が見える会社へ」これが私の工場の、生き残る道でした。

めっき業は設備産業です。設備がなければ仕事はできません。そして、職人の技術・強いものづくりへの魂がなければ、工場は存続できません。当時の設備は、老朽化し故障の連続でした。設備が止まれば会社は倒産。会社が生き残るには返済よりも設備への投資が必要だったのです。設備と社員の我慢、そしてお客さまの信用が長くもつとは思っていません…3年が限界。まず残債の圧縮が私の中での先決でした。私は銀行と交渉を始め、債務免除、不採算部門の廃止等を行い、就任1年後の2012年、前の会社の借り入れを約3億まで圧縮する事が出来ました。2期の黒字決算を終えた13年、最後の決断として、銀行から資金を借り工場の買い取り等を行い、13年9月、ようやく借り入れが1億となりました。その間お得意先には心に決めた㈱センショーの方針「お客さまの満足を成長の証とし、求められる技術・品質・知識を最高の形で提供する」―この想いを伝え続けました。技術・知識面では、技術顧問の先生をお招きする・社員にめっきの専門学校に毎年1～2人が入学できる制度を作り、めっきの技能試験を受ける機会を設けることも新たに試みました。品質面ではISO品質を取得し、品質向上に努めました。粘り強い〝ものづくり精神〟、〝職人の腕・魂〟はどこにも負けない！そう信じています。この姿勢・想いが、会社を継続させるにあたっての要になったのだと思います。

「企業は人なり」〜社員というパートナー

今があるのは社員のおかげだと思っています。会社を変革する中で幾度となく大きな反発もありましたが、私には「社員が生き生きと働け、絶対に潰れない会社にする」という信念があります。社員にとっては不満や理不尽な事ばかりだったと思います。今もまだ大変な道のりを歩んでいますが、常に私は社員を信じ続けています。その頃も、そして今も、社員全員が私の心強いパートナーです。

「自分の足で立つ」

自分の人生を生きる為にまずは「自分の足で立つ」という事が大切でしょう。

人は一人では生きては行けません。常に周囲の人に助けられ支えられ人との係わりの中で生きています。お互いの立場や事情を理解した上で相手を受け止め、自分を受けて止めてもらう単なる甘えや依頼心だけでは本当の人間関係は成り立ちません。共に学び合い支え合い成長し合える仲間と出会い、その出会いを大切にするために、自分の足で立っていたいと思います。

「考えることからすべてが始まる」＝自分の人生

考えが言葉となり、言葉が行動になる。そして行動が習慣となり人格を作る。その人格が人生を作りそして運命をも作り上げる。人生で起こる事すべては偶然ではなく、必然的に起こるのです。それは全て自分の考えが始まりなのだと私は思っています。

死なへん！
なんとかなる！

株式会社たす　代表取締役

松浦 鈴枝　Matsuura Suzune

1992年高校卒業後、当時、初の"女性電気工事士"として電気工事に携わる。出産で退職後、2011年㈱たす設立。2014年電気関連工事業のイメージを変えるべく、女性技術者集団を育成するレディース・ライフライン・サポート事業を開始。

私の強みは？

私の起業のはじまりは、何気ない、人との出会い。20年前、ある企業で〝業界初の女性電気工事士〟1期生として、3年近く務めていました。妊娠し、退職。主婦として過ごす6年間。その後離婚をし、再び仕事に戻って子育てとの両立。女性中心の営業部隊を持つ洗剤メーカーで働きました。兎に角、目の前の生活をすることだけを考えて過ごした数年間。正直、独立したいとか、経営者になりたいとかは全くなく、流れで創業したのが本音。経営とは？企業とは？ということを、色々な人の中で学びました。そんな中で私に衝撃を与えた学び―〝自分の人生は、自分で創造している〟、〝自分の強みを活かしなさい〟。この言葉を頂いた私は、自分の強み、人生は何だろう？と模索。ある時「あなたが夢中になれる、楽しい事はなに？」と聞かれ、私は「電気工事をしているとき」と言いました。そこから答えが出ました。「女性ができる電気工事を中心とした駆けつけサービスをつくる」。―2011年㈱たすを設立。今まで、何気なく過ごしてきた20年間。その中で、いつも一生懸命過ごしてきた私。私なりに、男性の職と思われている業界を変えたい。もっともっと、女性を活かせる場所がある。電気工事を頑張る女性・母親たちがいてもよくない？何より、自分の経験を活かせる!!

事は進み、2014年夢が実現化しています。今私の中では、本気というより、〝役割を果たす〟決意が湧いてきています。

レディース・ライフライン・サポート「L3（エルスリー）」

㈱たすでは、美容事業と電気工事業を行っています。その中で、私が社会のために、人生をかけて出来る事は何？と考え、生まれた事業が「レディース・ライフライン・サポート『L3』」です。晩婚化、離婚率の上昇などにより、女性の単身世帯数は増えるばかり。女性が安心して暮らすために、女性による、女性のためのライフライン・サポートが、今必要とされています。突然の水漏れ、停電、換気扇が壊れた、最近盗聴されている気がする…とっさの時に〝女性技術者〟が、単身女性のもとに駆けつけるサービスを提供します。レジャー施設での女性専用スペースのメンテナンス等も行うことができます。

仕事という〝出口〟を

エルスリーでは、女性技術者の〝プロフェッショナル集団〟をつくるため、教育機関を設立。これから電気工事士免許を取得しようと考えている女性から、既に免許をもつ女性まで、様々なステージに立つ女性を、仕事という出口につなげます。免許取得を目指す方には、知識学習だけでなく、提携先での〝現場実習〟を取り入れました。卓上の学習だけではイメージができない工具や作業内容も、実際に体験することで身体に染み付く学習が可能です。まだ電気工事の仕事に良いイメージを持てない女性には、「工具に触れる仕事って、楽しい！」と思ってもらえる、小さなきっかけづくりの機会も提供しています。これらを通して、私がこだわることは、「必ず仕事として収入を得るようになること」。目先の楽しみ、資格取得だけで満足するのではなく、出口を用意して、エルスリーから社会へ飛び立つ女性を増やします。

技術者として、かつ、人として

私のように電気工事士の免許・技術をもつ女性の中には、経験の足りなさから仕事に就く事が困難であったり、ましてや子供が幼い母親は、フルタイムでは働けません。この先女性が自分の足で立ち、手に職をつけて働くには、会社側の特別な配慮・工夫が必要。

そして、何より社会にでるには、〝人となり ― 為人〟が全て。弊社では、働きたいという意思をもつ女性の働きをサポートするだけでなく、一人一人が、自分の人生、自分の働き方に責任をもてる人間になるための、人としての教育を行います。

自分の人生、生き方、信念を貫きましょう

正直、私は経営者ではないかも知れない。周りからは、収支が見えないとか、経営ではないとか言われるけれど、応援してくれる人たちに囲まれ、今ようやく現実化へ向かって踏み出したところです。私は突っ走り、想いを実現します。この先、何があろうと諦めないという気持ちでいっぱいです。はじめて、諦めない、諦めたくない、と思えています。

五感を研ぎ澄ませ
自分らしく
ありのままに生きる

株式会社 Treasure Chest　代表取締役
一般社団法人色彩心理カウンセリング協会　代表理事
洞渕 美佐緒　Doubuchi Misao

女性が輝き自立するためのセミナーやイベント開催、協会認定色彩心理カウンセラーの育成に力を注ぐ。心理カウンセラー1級・カラーセラピスト・コミュニケーションインストラクター等。これまでに行った女性向け個人カウンセリングは700件以上。

40歳から本気の再出発！50歳での起業

２０１１年7月、当時50歳の私は「プライベートサロン トレジャーチェスト」を開業し、同時に「株式会社 Treasure Chest」を設立。そして２０１４年2月、53歳で「一般社団法人色彩心理カウンセリング協会」を設立しました。それまでの私は、25歳で結婚し、妻として家庭を守り母として二人の娘の子育てに専念する日々に勤しんでいました。

ところが40歳の頃、婦人科系の病気を次々と発症。命の儚さを知ると共に、精神的にあまりにも弱い自分自身を知りました。「こんなはずじゃ無かった…私自身を見つめ直したい！」と強く想い、一念発起で心理学を学び始めました。もちろん知らない場所に一人で出て行く不安や、金銭的な面での心配もありましたが、「これからは自分自身のやりたい事を実行する！」と決意は固く、本気のスイッチが入りました。心理カウンセラーやカラーセラピスト、コミュニケーションインストラクターなどの資格を取得しながら、カウンセリングやセミナーの実績を積み、50歳での起業までたどり着きました。しかし、私の50歳からのサロン開業と起業に対して友人たちは、「なぜ今更起業？」「失敗したらどうするの？」「世の中そんなに甘くないわよ！」と言い、「無謀さ」や「不思議さ」を感じているようでした。そんな時私を支えてくれたのは、共に学び、不安や悩みを分かち合い、苦難を乗り越え、未来の夢や目標を語り合った仲間たちでした。心強い応援が、後悔したくない！という私の想いをさらに強いものにし、〝自分自身に正直に〟前進し続けることができました。

輝く女性の可能性は無限！

「プライベートサロン トレジャーチェスト」では、個人カウンセリングに加え、女性の内面と外見を磨き、夢を実現するためのセミナーや、沢山の方と出会えるお茶会やイベントを開催しています。以前の私がそうだったように、「こんなことをしたら笑われる」「どうせ私なんて」「女性（妻や母）はこうあるべき」「夫や親に反対される」等、思い込みの観念に囚われている方が多くおられます。思い込みの観念から解放されると、女性の内側にある「秘められたパワー」を発揮でき、可能性の大きさに気付いていただけます。女性は最初、一人では心細くてなかなか歩み出せないけれど、想いを共感し励まし合える仲間や、そっと背中を押してくれる人が傍に居てくれると、最初の一歩を踏み出せ、その後の困難をも乗り越えることができるようになります。「プライベートサロン トレジャーチェスト」は、プラットフォームのような役割を担い、いつも仲間が集い、立ち寄った時には温かく迎えてくれて、また安心して新しい一歩を踏み出せるような環境を作っています。

そして、女性が気軽に相談できるカウンセラーを数多く育てようという想いから、一般社団法人色彩心理カウンセリング協会を設立しました。色彩心理を日常に活用することで、心と身体をリラックスさせ本来持っているパワーを発揮していただけます。色彩心理カウンセリング協会認定の色彩心理カウンセラーを育成することは、現在のストレス社会に役立ち、今後は社会で必要な人材教育の一貫でもあると考えています。

信念をもち、自分自身と仲間を信じる心

学歴や経験など何も無かった私ですが、有言実行の〝信念〟と、「可能性を信じる」「仲間を信じる」の一心でここまで来ました。これからも今まで以上に、仲間と一緒に希望や夢を語り合い、女性が元気に明るく社会で活躍するためのお手伝いをしたいと思っています。そして、良い時期にはそっと背中を押すことも使命と感じています。私達一人ひとりには、〝それぞれの幸せ〟があります。他人から見て幸せかどうか？ではなく、自分らしく幸せかどうか？が大切なのです。「自分を信じる心」は、ありのままの自分を好きになって、日常の中で小さな成功体験を見つけることから生まれてきます。「自分を信じる心」を育てることで「可能性を信じる」ことができます。「自分を信じる心」を持っている方は、自ずと「仲間を信じる」こともできます。

夢は見るものではなく、叶えるものです

希望や夢の実現を心から願い、努力を惜しまず、可能性を信じてチャレンジしてください。チャレンジしなかった後悔はただの後悔でしかありませんが、チャレンジして失敗した後悔は必ず学びと成長に繋がります。私は、諦めることなくありのままに自分らしく、今を精一杯楽しんで本気で生きて行きます。きっと夢は叶うと信じて！

どんな役目、役割があるかを考え思いを行動にうつし、挑戦し続ける

一般社団法人 My-do　代表理事

山村 貴乃　Yamamura Takano

美容師・サービス業・トータルビューティーサロン店長を経て2002年7月7日トータルビューティーサロンFelice（フェリーチェ）開業。2012年7月20日起業家サポート教育会社、一般社団法人 My-do（マイド）設立。

会社が倒産し、仕方なく起業へ　～初めての起業での困難

トータルビューティーサロンで勤務し半年で店長に昇格。「天職に巡り合った！」と楽しい日々を送っていたその矢先、会社の経営が悪化。トップの売上を上げ続けていた私は、「私が辞めたら会社が潰れる！」という責任感だけで会社を辞めずに働いていました。しかしついに会社が倒産。自分一人の責任感ではどうにもならない事を目の当たりにしました。その倒産後、形態が変わり辞めることを決意。残っているスタッフ、お客様はどうしたら良いか、知り合いに相談すると「自分で店をしたら良い」と思ってもみなかったことを言われました。私は「2番手が向いている、経営なんてとんでも無い」と思っていたので、言われた時は全く想像がつきませんでした。しかし、「誰かに雇われて裏切られるのはイヤ！もう後には引けない！」と一大決心。私にはスタッフ、お客さまを守る役割があると気付き、独立を決めました。

独立は自宅からのスタート。半年後にはサロンをオープンすることができました。順調に売上が上がっていたのは初めの3年ほど。家賃やスタッフに給料を支払うことが苦しくなりました。スタッフのことを考えると、辞める・諦めることは全く頭に無く、どうにかできることを考え、必死で経営課題を乗り越えました。この経験から、起業・経営をサポートするスクール、（一社）My-do（マイドー）を設立。同じような苦労をする方々が少なくなって欲しいと、そんな思いで私が出来る事を始めました。

細かな分野に分けた学び

My-doでは、助成金・補助金・融資方法・経営理念・事業計画書作成・会計・ブランディング・集客法・営業実践・コミュニケーション…様々な分野の講師の方にお越しいただいて勉強会を行っています。また、ファミリーや女性対象のイベントを開催し、しっかりと個々のビジネスをPRできる場を提供しています。経営をしていると誰にでも必ず壁がやってきます。少しでも苦しい〝谷の時期〟が浅くなり、事業が継続できるように。そして少しでも、経営者として社会貢献できる人が増えるように…とそんな想いでMy-doをしています。起業を全くする気が無かった私は現在、起業家を目指す方や継続できる立派な経営者になれるサポートができるように、一緒に学ぶ機会を与えていただいています。

起業の苦難を経験した私だからこそ提供できる、起業家サポートスクール

起業してから様々な経営者の方と出会い、成功している方と、そうでない方の違いは、経営の学びがあるか無いかと、相談できる人がいるか、いないかの違いだと感じました。

私のように起業・経営に対しての学びをせずに勢いで経営すると、起業してから必ず苦難がやってきます。起業は簡単にできますが、継続するのは本当に大変です。「私のように山あり谷ありの苦しい経営をしないように」と、起業を目指す方や起業家の為の起業をサポートするスクール、一般社団法人My-do（マイド）を設立。苦しい経営をしてきた私だから気づく事、学ぶべきだった

ことや、この学びがあれば為になると思う内容を考え、セミナーや勉強会をしています。

良き相談相手、成功を応援する存在に

私はいざと言う時に相談できる人が少なかったので、いつでも頼れるMy-doがある！と思っていただけるように、みなさんのお役に立てる存在で有り続けたいと思います。

My-doを立ち上げてからは、関わる方がどんどん結果を出されて喜んでいただく姿を見るのが今の私の喜びです。起業家や起業を目指す方は一人で悩まずに、まず信頼できる人に相談すること、そして常に学び続けることで光が見えると思います。

勇気ある一歩を

夢は必ず叶うので、あきらめずに勇気を持って一歩を踏み出しましょう！起業される方は必ず起業前に必要な事を学び準備することが必要です。思い切って起業するのも良いですが、まずは休日起業からスタートしてみてはいかがでしょうか。すでに起業されている方は、常に自分を磨き、学ぶ事をし続けることが大切だと思います。人生は一生学び、成長するためにあると思います。どんな苦難が訪れても、学びと受け入れる事で乗り越える事ができると思います。「初心を忘れるべからず」で進んで行きましょう！

人生を創造する覚悟。諦めるも切り開くもすべて自分次第

ラピーチ株式会社　代表取締役
ミラガ株式会社　代表取締役
伊與田 美貴　Iyoda Miki

フラワーデザイナーとして活動していた感性を活かし、業種の幅を拡げ現在はトータル美容サロンを主宰。オリジナルネイル商材を開発する傍ら、講師として人材育成の部分にも力を入れている。

崖っぷちでの覚悟　～追い風の吹く生き方へ

本気で自分の人生を歩み始めた瞬間、私が一念発起した、ターニングポイントは31歳での離婚のときです。まだ3歳の娘を抱え、恥ずかしながら精神的にも経済的にもどん底の状態だった私は、明日の生活が見えない絶望の淵で、このまま娘と二人で死んでしまおうかと心中という選択肢を考えていました。

しかし、ふと「本当に死を選ぶ覚悟があるのなら、その前に一度死ぬ気で人生やりきってみたら…?」という考えに至り、その瞬間から真剣に人生を歩みだしました。仕事も子育ても、自分の役割をまっとうする! 揺るぎない自分の信念を軸に、自分をとりまくすべてのことに対して、真剣に向き合うと決意しました。

人生とは面白いものですね、覚悟を決めた瞬間、自分をとりまくすべての環境が変化しました。保育園の待機児童だった娘の入園先が決定したり、母の病気が治ったり、私の才能を見出していただいた現会長との再会をしたり…仕事をするための〝環境の追い風〟が吹きました。

大きな変化を経験してから、自分の中に新たな目標が生まれました。「私のような窮地に追い込まれたシングルマザーを救いたい!」…しかし自分に余裕がない人が他人のことを心から支援できるはずがないので、まずは、自分が精神的にも経済的にも自立し、余裕のあるシングルマザーの〝ロールモデル〟になろうと決意。さらなる前進が始まりました!

〝未常識〟の強み

弊社ではシルクフラワーアレンジメント商品販売、オリジナルネイルチップ製造販売、サロン運営美容商材販売を行っております。女性が働きながら子育てをしやすい環境づくりを目指し、なおかつ配偶者が居ても居なくても自立した女性として活躍できるように、美容分野での〝手に職〟をモットーに、技術を活かして経済活動ができるような環境を構築しております。

そして、まだ世の中に浸透していない「こんな商品みたことないです！」とみなさんが声を揃えて言う〝未常識〟の商材ばかりを開発しました。やはり開発するにあたり苦労はたくさんあります。途中でプロジェクトを投げ出してしまいたい心境に何度もかられました。でもそのたびにその商品を心待ちにしてくださっている方々を思い出しました。日夜試行錯誤の研究を重ね、スキームを構築するのに何度も会議を重ね、社員一丸となって土台を構築いたしました。他にはない商材とそれを活かすシステムで、みなさまに経済的にも豊かになっていただけるツールを持っているのが弊社の最大の強みです。

女性の資質を引き出す、エッセンス

強みを最大限に活かしていただくにあたり、私が一番力を入れていることは「育成」です。〝手技〟だけをただ伝授するだけでなく、その女性お一人お一人の〝資質〟を最大限に引き出す育成の仕方を心がけています。そして、女性がますます輝くための〝エッセンス〟をふりかけることが私の使命だと自負しております。せっかく出逢いをいただいたご縁のある方々にはひとりでも多く、豊かで輝かしい人生を送っていただきたいです。

女性として最大限に楽しむ生き方

女性として仕事・家庭・育児などいろいろと時間的や活動的にも制約がある中で、いかに女性として最大限に自分を楽しむか。誰かのため、何かのために歩む人生も素敵だと思います。しかし基本的には、自分の人生は自分のものです。

そして、その人生は〝決断の連続〟です。自分の足で自分の人生を歩かなければ、決して女性として生まれてきた人生の醍醐味というものを味わえないと思うのです。誰かに決断を委ねる生き方ではなく、主役はあなたです。どんな選択を自分がしても、必ず自分の人生には自分で責任を持つという覚悟こそが、本当の自分の人生の幸せをつかむカギになるのではないかと思います。

世の中の女性が素敵に変化すると、男性もそれに合わせて変化します。キラキラ輝いている女性が世の中にたくさんあふれかえることを願ってやみません。

陰陽のバランス
イン＆アウトプットで
行動を

株式会社ラヴュメール　代表取締役

石川 敏子　Ishikawa Toshiko

㈲ルポを2007年実母より引継ぎ、2012年㈱ラヴュメールとする。賃貸不動産管理、整骨院 / プライベートトレーニングスタジオ、レンタルサロン経営。別部門のメプレフェレでは、インテリアファブリック等のオーダーサロンを手がける。

働くスイッチ・子離れスイッチ

私の初めての職業は、バブル時代、旅行会社でのツアーコンダクターでした。約12年間、多くの国で様々な人に出会い、世界中で多様な経験をいたしました。ここが私の感性の基盤になったと思います。

私の両親は自営業で、結婚・出産を経験してからは、自営の母の会社をともに営んできました。不動産管理・運営、まだ当時少なかったフラワーアレンジメントのレッスンサロンや、女性のためのワインセミナーを開催。当時の私は、仕事をしながらも〝子育がメイン〟。

そんなある日、母の突然の死―そして翌年、父の死を続けて体験。娘は小学校高学年。母娘ともに家族の死をきっかけに価値観が大きく転換していきました。娘は中学になると寮生活での学生生活を選択。その決断に、母である私は12歳の1人娘を手元に置くことから卒業させました。このタイミングで働くことへの〝それまでとは違うスイッチ〟が入りました。私は整骨院に、プライベートトレーニングスタジオを併設。そして新たに、ファブリック関連の仕事の構想をはじめました。その半年後、娘が自ら海外での教育を受けることを選択し、イギリスへの留学と、海外でのボーディングスクールへ進む決断をしました。自ら厳しい道を選択した娘に、さみしさはもちろんですが、母である私はハッと、自分の娘への依存に気づき、娘の強い意志に嬉しさと生命力を感じました。それは、娘に〝子離れのスイッチ〟をONされ、自身も次へのステップへ進むスイッチをONにする瞬間のような気がしました。

物と人をつなぐ仕事＝イン＆アウトプット

その後の動産管理・運営に加え、インテリアファブリックの販売・オーダー製作、風水、ヒプノセラピーのカウンセリング等を行っており、年に数回、アメリカ、ヨーロッパへ出向き、海外の商品の買い付けを扱っております。精力的に海外の物を扱い始め、そこから繋がった人と、ハワイの商品・サービス関連を扱うことも開始いたしました。今、物を通して人をつなげていく、女性のためのつながり事業を始めています。海外では、女性がオーナーの会社は珍しくありませんが、日本ではまだまだ。インテリアファブリックの製作は、職人さんは男性で、今までにないリクエストに答えて製作をすることを嫌がる方も少なくありません。プライドを傷つけず、こちらの希望に沿った製作をしてもらうには、やはりコミュニケーションを密にとること、相手を尊重したやりとりであること、自身が知識を豊富に持つことです。

生きる楽しみ・気づき＝陰陽のバランスのために

地方の女性が楽しんで生きるための活性化事業、イベントサロン事業を、私の周囲にいる起業女性の方々と連携して始めました。日本で暮らす全ての女性が、生きていく楽しみを増やし、そこから意識する社会貢献への気づきを広げていきたい、と進めております。

娘を通しての変化・学び　～親子のつながり

海外との仕事は、多くの友人たちの協力を得て、成り立っています。海外で仕事をする際には、現地に住む日本人、そして特にハワイでは、ローカルの方とのつながりがポイントになります。世界の中で、ごく少数の日本人として環境で生活する娘から学んだことでもあります。娘がアメリカの学校に進学したことで、母娘は、スカイプでの週3～4回の会話を通し、コミュニケーションの大切さに気づくことにもなりました。娘との会話で、迷っていることに背中を押され、反対に自分が思わなかったことを意見され気づくなど、実は私の仕事の面においても、精神的な面では、重要なパートナーになっていたのです。彼女のイキイキとした姿、言葉に、私が励まされます。

私は、娘から送られたこの言葉を感謝とともに私のパワーの源にしています。

～ママの働く背中を見て育ったから、今の私がある。

そのママの姿勢にプライドを持って続けてほしい、

じゃなきゃ私のママじゃないから～

幸福感は活きている体感

男性・女性、と互いに意識しない仕事の環境、一人ひとり、人としての立場を尊重する仕事の環境、これが、人が幸福感を持ちえることだと思います。好きなことだから、だけでは仕事につながっていくことは難しく、おなじ共感を持つ人間のつながりのなかで、互いが向上するために協調する場所をつくる＝働く場所であってほしいと思います。

一度きりの人生！
自信を持って
自分らしく生きる

株式会社ピナコ　代表取締役社長

石尾 麻衣　Ishio Mai

コンサル会社など勤務のち、26歳で起業。「英語でキレイとキャリアを学ぶ」をコンセプトとしたサービス「ティアレ　グローバル・レッスン」を軸に、英会話事業、海外就職支援事業を展開。

私を動かしていた信念―『自信を持つことで、女性は内面から輝く』

20代前半のある日。「やりたいことも得意なこともない、仕事も面白くない」と悩む友人に向き合い、彼女の強みを発掘した私。言われるがまま〝能力〟を活かせる職に転職した彼女は数ヵ月後、「今は毎日が楽しい！おかげで人生が変わった。ありがとう！」と目を輝かせて言った。得意なスキルを活かして働き、キラキラ輝く彼女を見ながら、「自信を持つと女性は輝く」、そう確信するとともに、誰かの人生の転機に関わる喜びを感じました。

「より多くの女性に、『スキル』と『自信』を持って人生を楽しんでもらいたい！」と、2010年に26歳で起業。2013年、㈱ピナコとして法人化し、英会話事業やスキルアップ&海外就職支援事業を通して、女性たちの〝人生のステップアップ〟を応援しています。創業当初は、資金を抑える為に安い物件を探し、無料求人広告で講師を募集。もちろんHPやチラシも自前でした。さらに出産の時期と重なり、産前ギリギリまで仕事を続け、産後は2ヶ月で仕事復帰。

育児と仕事で不眠症になりながらも、「多くの女性に自信をもってもらいたい！」という理念に向かいながらの仕事は、楽しくて仕方がありませんでした。英会話事業「アロハ・ABC・スタジオ」や、後述の「ティアレ」など、〝他にないサービス〟が功を奏してお客様にも恵まれ、「業界唯一のサービス」としてメディアに取り上げて頂くなど、益々可能性も広がってきました。

現地のプロフェッショナルからスキルを学べる新サービス

〝英語でキレイとキャリアを磨く〟をコンセプトとした女性限定サイト「ティアレ・グローバル・レッスン」は、スカイプを通じて海外のメイクアップアーティストやヨガ講師、キャリアコンサルタント達から直接スキル指導を受けられるサービスです。例えば、あなたが海外で就職したいと思った時、気軽に講師から海外面接のコツを教わったり、履歴書の添削をしてもらえます。スタイリストを目指しているなら、ロスやNYのスタイリストから最新のトレンド情報を仕入れたり、業界事情を学びながら同時に英語を磨けます。

ティアレの強み・様々なフィールドで活躍する講師陣

グローバル化が進む昨今、〝英会話〟に興味をお持ちの方はたくさんいらっしゃるでしょう。しかし、これからの時代、英会話力だけでは世界の優秀な人材と渡り合うことはできません。英語力にプラスしたスキルや強みが必要ですね。ティアレは英語をツールとして、＋αのスキルを磨いていけるスタイル。恋愛・料理・美容といった女子力アップ系レッスンから、海外就職・留学などのキャリア系レッスンまで。約150名の講師陣には、ネイティブ講師の他、様々な業界で活躍するバイリンガル講師を迎えています。オンラインでのレッスン提供が主ですが、各地でのイベントやセミナー開催、対面形式でのサポートもより一層充実化していく予定です。

強みを発信することでチャンスを引き寄せる

私は、19歳からつけ続けている「自分ノート」をもとに、自分が大切にする価値観や強みを知り、周りに発信することで様々なチャンスを引き寄せてきました。ごく普通の人間ながら日米メディアへの連続出演や2000名規模のイベントの運営、海外の王族の方々を前に仕事をする機会など、叶えたいことは全部、絶妙なタイミングで周りの人に機会をもらいました。叶えたいことを明確に持ち、周囲に発信してきたからこそ、良いタイミングで機会をいただけた気がします。

強みを自信として、一歩踏み出す

今自分に自信がない方は、まずひとつ、自分の強みを作りましょう。スキルは今からでも身に着けることはできますし、もしかしたらすでに貴方の中にあるのかもしれない。得意なこと・ほめられたことをノートにまとめ、自分と向き合ってみてください。強みが発掘できたら、次に必要なことは「発信すること」。もちろん「失敗するかも?」なんて怖気づくこともあるでしょう。でも、一度きりの人生。ワクワクする毎日を送りたい方はぜひ、自分の強みを明確に知り、自信を持ち、新たなチャンスに向かってまず一歩を踏み出して頂ければと思います!

新しいことをはじめるのは怖くない　新しいことをはじめないのが怖い

株式会社 Ji-NANA　代表取締役

白水 千雅　Hakusui Chika

デトックスサロンキラーナ経営、女性起業応援シェアショップラーナ経営、「家族に一人セラピスト」触れる大切さを伝えるスクールビジネス主宰、R&W正規代理店クリスタルジュエリーの販売。様々の角度から女性を応援し、プロデュースします。

シングルマザーの挑戦

33歳の時、私は幼稚園児の子供二人をシングルマザーとして育てる道を選びました。当時、子供の教育費を考えた時に途方も無い金額に頭を抱えました。仕事を続ける上で、雇われていては収入に制限があり、将来の教育費は非常に厳しい状況に。そこで、自分でビジネスを展開していくことが、最善の選択かもしれない…と考えはじめ、「もともと何もない所からスタートするのだから、失うものなんてない。自分に解決できないことなんて起きない」。と覚悟を決めて、母親として・女として、本気の挑戦がはじまりました。前職で身体に触れることでのリラックス効果を実感していたので、サロンに足を運んでくださるお客さまが〝明日も頑張ろう〟と思って頂けるサロンをつくろう!と、「デトックスサロンキラーナ」を開業。開業してから一人で全てを賄うことは大変なことがたくさんありました。頭で考えていては動けない、とにかく現場に行って自ら身体を動かし、頭を使い、チャレンジ!やってみてダメなら違うアイデアを…。その繰り返しで、兎に角試行錯誤しながらの、少しの前進を重ねました。また、どこにもないサービスづくりや、お客さまのトータルケアをするための勉強で、常に走り回っていました。

最高のサロンをつくりあげるための学びの日々、人との出会い、それらの積み重ねで、シングルマザーの挑戦として始まった試行錯誤のビジネスライフが、次第に、楽しくワクワク感じられる日々に変化していきました。

ひとりでもお客様が出会ってよかったと思ってもらえるように…

デトックスサロンキラーナでは、〝どこにもないサービス〟にこだわりをもっています。お客さまのライフスタイルへ、あらゆる場面で接することを考え、身体の老廃物の出し方から、施術、食生活の提案・指導、心のバランスケアまで行います。開業から3年「他に少しでも誰かの役に立てるなら」と、心理学、カラーセラピストの勉強、調理師免許取得の勉強を始めました。〝お客さまが生涯顧客になっていただけるように〟の一心で挑戦し続けることで、業務内容を拡大。現在はコンサルティング、セミナー講師として呼んで頂くようにもなりました。

女性が輝き自立するために必要な物を集結

「一人で起業するには自信がない」「自分が出来ることを見つけてチャレンジしたい」という想いを寄せられることが増え、私は、女性たちが店舗の〝場所をシェア〟できる、「シェアショップラーナ」をオープンさせました。私が起業時に、最も悩んだ〝資金繰り〟―特に〝固定経費〟に追われていた経験から、固定経費を分担できればセカンドビジネスや、まだ最初の一歩が出ない女性達のきっかけ作りが出来るのではないか、と考えたのです。現在の事業内容：デトックスサロンキラーナ、シェアショップラーナ、「家族に一人セラピスト」のスクールビジネス、女性塾のラーナアカデミー、そしてクリスタルジュエリーの販売。―私のこだわりとして全てに共通することは、女性が輝き自立するために必要な物を集結させたことです。

成果を受け取る覚悟

個人事業主から数えてみると23年間の起業人生。振り返って言える事は、「〝自分のビジョンをイメージし、それを思い続け、行動し、受け取る〟―これをただ繰り返す事が大切」ということです。途中試される事がたくさんあります。―「それでも思い続けることができますか？」と言われているかのように。私は試練を迎えるたびに「はい、イメージが現実になるまでやり続けます」と答え、チャレンジし続けてきました。与えられたことを着々とこなしていると、次は〝成果〟を受ける時がきます。事業を続けるには、〝成果を受け取る覚悟〟が必要です。〝成果〟とは、目標に向かいチャレンジしていると必ず訪れる〝チャンス〟や〝岐路〟のこと。それらに立ち向かい、次への大きな一歩を踏み出す勇気を出す！ということです。意外と「私にはまだ早い」、「まだ未熟だから…」と躍進へのビッグチャンスを逃す人は多いのではないでしょうか。私もそうでした。しかし、チャレンジする事でしかステップアップはできません。

さらなる挑戦

一度きりの人生、自分を信じ、自分を許し、自分が出来る事で周りが喜んでくれる事に全力を注いでみてください。それがあなたのビジネスになっていきます。そして形になった時収益としてご褒美がやってきます。私も共に学び共に成長し、次へのステージを受け取れるように、イメージし行動していきます。今を楽しみましょう！

写真＝写心
クオリティ＝プライド
人は自分の鏡である

株式会社しのぶれど　代表取締役

中田 しのぶ　Nakata Shinobu

フォトグラファー。綺麗があふれるフォトアトリエ「しのぶれど」主宰。「写真」を「写心」と捉え、女性が心の奥の奥に秘めている色んな想いを解き放つきっかけとなる「運命の一枚」を「心の扉を開ける鍵」として写し出す事を天職としている。

「指名」撮影から、フリーランスへ。私の本気を動かした瞬間

様々な職業経験を経て、超絶な機械音痴にも関わらず、いつのまにかカメラを操り仕事をしております。結婚式という特別な一日の撮影で、そこに写る「様々な感情」を見た時。何とも言えない喜びとやりがいを感じ、全身全霊を注がなければという気持ちに。当時は登録している写真会社から仕事をいただき、手配された現場で、その時初めて会う新郎新婦に「おめでとうございます」と挨拶した途端、シャッターを押す。お客さまは私の事を『カメラマンさん』と呼ぶ。…この違和感に耐えきれず、コンスタントに入る一般の撮影を捨て、お客さまが「指名料」を支払って、私を選んでくださるという「指名撮影」しか請けないと決めました。定収入を捨てる勇気が要りましたが、心を写すにはまず自分の心を納得させないといけません。いつしか大阪店で指名ナンバーワンに。

受注件数が増える一方、時代はフィルムからデジタルへと移行。パソコン上での作業も必要となり、「心」の他に「時間」が必要となりました。現像作業にこだわっていたので、他のカメラマンの倍の時間を要していた私。ある日少し納期が遅れた時、ひとりのコーディネーターさんが「クオリティより納期の方が大切なんです」と言い放ってしまいました。彼女の立場からすると当然の言葉だと思います。でも私にとっては運命の一言となりました。心に突き刺さった、切なすぎるその一言で私はフリーランスになる決意をしました。

しのぶれど　～心の目で写す～

「しのぶれど」という名前は「しのぶれど　色にいでにけり我が恋は　物や思ふと人の問ふまで」という百人一首、『人に知られない様に　ずっと心に秘めてきたけれど…』という意味の一節と、中田しのぶというフィルターを通して、その人その人の内に秘めた美しさを表現する、と言う意味をかけ合わせての命名です。

記念すべき日の撮影の他、ヌード撮影～〝生き方〟の証明写真、命を育むかけがえのない瞬間・マタニティ撮影、エンゲージメント撮影など、人生の様々なシーンを写し出します。

「指名」撮影時代は、事前にお客さまと打ち合わせができ、どのように出会い愛を育んだのか、ご家族やお友達の事などもしっかりと聞く事ができ、新郎新婦との心の距離が近くなりました。信頼関係が生まれ、心の目で「もっと深い部分のいろんな想い」を写し出せるようになりました。フリーランスになってからは、今まではコーディネーターさんが間を取り持ってくれていた部分を、お客さまと直接やり取りをする事で、さらに信頼関係が深まりました。

アルバムの製本に関しても、今まではオペレーターがレイアウトしていたところを、最後まで自分で作り上げる事になりました。結果、やはりクオリティは歴然と上がります。何よりもお客さまが満足してくださり、喜びが生まれます。

私のこだわり

今の受注の約半分は、ご紹介からです。随分昔は、たまに値引きを要求される事もありました。しかし一度として安売りはした事がありません。「安くして」と言う事は、「適当にいいかげんに撮って」と言われている様でなんともモチベーションが下がる訳です。

価格＝クオリティ。この方程式は崩せません。サービスはします。でも値引きはしません。その姿勢を貫いた結果、そういう方は来なくなりました。安いギャラでやりがいの無い数が多いだけの撮影よりも、高いギャラで本気で取り組める内容の濃い厳選された撮影を。

たくさんの人が介するところから直接やり取りをして、心の距離が近くなる関係を。

自分の作品は他人に託さず最後まで仕上げる職人魂を。

このこだわりを持った事で自分もお客さまも満足のいくクオリティを保てていると思っています。妥協しない。自分の世界は自分で演出。これが私のこだわりです。

自分らしくある最高のシチュエーションをつくる

何をするにも『自分らしく』あれる環境を作る事だと思います。妥協と歩み寄りは違うと言う事をしっかりと捉え、自分自身のクオリティを保つ為に最高のシチュエーションを整えましょう。〝自分が納得する＝モチベーションが上がる＝最高のクオリティができあがる。〟

おわりに

最後までお読みいただき、誠にありがとうございます。

この書籍の出版に関しまして、ご協力いただけました皆さまに、本当に心から感謝申し上げます。

出版にご尽力いただきましたオータパブリケイションズの太田進社長と村上実専務にも、あらためて感謝申し上げます。


関西といえば、ファッションデザイナーとして世界的に活躍されているコシノジュンコ（小篠順子）さん、コシノヒロコ（小篠弘子）さん、コシノミチコ（小篠美智子）さんの「コシノ三姉妹」がとても有名です。２０１１〜12年に放映されたNHKドラマ『カーネーション』のヒロインは、コシノ三姉妹を育てた小篠綾子さんがモデルになっています。私はこの番組を通じて、関西のお母ちゃんが、一生涯の自分の生き方を通してコシノ三姉妹に〝人間教育〟を施されたことによって、「世界へ通用する女子」を育てられたことに非常に感銘を受けました。

ご縁をいただき、コシノミチコさんに今回の出版へのご参加をお願いしたところ、快く引き受けていただきました。インタビューのため岸和田のご自宅に行かせていただき、とても気さくに食事をしながらお話を伺うことができました。そのとき、亡き母・綾子さんのお話をしながら、ミチコさんも、私も、涙を流しながらインタビューしたことが心に深く残る思い出になりました。

エメラルド倶楽部関西支部の会員数は現在、約120人です。会員の皆様が集まるときは、いつもお一人おひとり、元気で、明るくて、ポジティブな姿を見せてくださっています。この会に初めて触れる方々は、必ずと言って良いほど、性別関係なく、「女性のパワーはすごい‼」と言われます。しかし、普段の笑顔からはとても想像もできないような、背負っている責任や、壮絶な試練を乗り越えてきた事実があります。そして、そのようなことはふだん、決して語ることもありません。それはなぜかと伺うと、「えっ？ 当たり前でしょ。やるしかないでしょ！」と、全員が口をそろえて答えてくれるのです。

今回の執筆に関して、46人の皆様全員が、お一人おひとりで1冊の本ができ上がるくらいのストーリーがあるのですが、それを4ページにまとめてお伝えすることに苦労しました。なるべく、会員お一人おひとりの、裏表のない、そのままの想いを綴った〝女の本気度〟が伝わる一冊を目指しました。

20年前から、私はお会いした女性に「見本となる尊敬する人は誰ですか？」と聞き続けてきました。なぜかと言いますと、現代の働く女性にとってロールモデルが必要だからと思ったからです。答えは9割が「母親」でした。ロールモデルと出会う前は、もちろん私も同じ答えでした。しかし、男性の場合、松下幸之助、稲盛和夫、本田宗一郎、坂本龍馬などと答える方が多いのではないでしょうか。

私たち世代の母親の時代と、現代とではいまや、経済や文化など、あらゆる状況が変化していま す。もうそろそろ社会でのロールモデル、憧れのヒロインを持つことが大切なのではないかと思うのです。

今こそ、女が「本気」になって、現状を受け止め、自分を見つめ、未来を見つめ、自問自答し、決断し、それが志になり、信念をもって生きていくことが、必然的に次世代への最高の教育になると日々感じています。そのためのロールモデルとの出会いの場をつくり、学び、成長できる環境づくりを、エメラルド倶楽部では提供し続けていきたいと考えております。

「本気で生きるということは、決してかっこいいことではないことを……」

最後に、本気で生きていく女性たちへ歌をプレゼントいたします。
沖縄のミュージシャン・ミヤギマモルさんが作詞・作曲を手掛け、女性の応援歌を作って下さいました。本当に心を込めて感謝申し上げます。

福森鈴子

WOMAN ～貴方が輝くとき～

作詞・作曲　ミヤギマモル

この世に生まれて　この世界で育ち
そして今あなたに　めぐり逢えた
針の先ほどの　偶然が
今も毎日　繰り返される

心に秘めたもの　胸に抱いた夢
もう少しの　勇気が　あなたを変える

※WOMAN　あなたの瞳
WOMAN　希望に満ち溢れ
費やした時間　費やした愛
あなたが輝く　時が来る

新しい出会いと　新しい風が
今あなたの前に　吹いて来る

過去も未来も　そして今も
夢を追い続け　歩いてく

心に秘めたもの　胸に抱いた夢
もう一人の　自分が　あなたを変える

WOMAN　あなたの瞳
WOMAN　希望に満ち溢れ
限られた時間　誓った約束
あなたが輝く　時が来る

心に秘めたもの　胸に抱いた夢
もう少しの　勇気が　あなたを変える

※繰り返し

あなたが輝く時が来る

ミヤギマモル氏のプロフィール

石垣島出身。高校を卒業後、進学のために那覇市に移り住む。その後12年のサラリーマンを経験し、音楽の世界に入る。会社員時代に作曲した『やいま』が、地元航空貨物会社のコマーシャルに起用されて注目を集める。1998年年2月、初のアルバム『やいま』でインディーズデビュー。2000年、歌手千昌夫が『やいま』をカバーし全国発売し、自らも徳間ジャパンよりメジャーデビューを果たした。02年放送のNHKドラマ『ちゅらさん②』のエンディングテーマ『琉球ムーン』の作曲を担当し、その年のNHK歌謡コンサートに出演した。最近では、夏川りみ（『愛のチカラ』）や上沼恵美子（『泡盛心中』）、THE BOOM（『やいま』）などへの楽曲提供で話題となる。

エメラルド倶楽部関西
2009年2月、女性経営者の集う会「エメラルド倶楽部」が東京本部を拠点してスタート。10年10月、一般社団法人エメラルド倶楽部として設立。同時に、エメラルド倶楽部関西がスタート。
定例ランチ会・勉強会・イベント・広報・書籍・企画など経営者支援をし、現在約120名（14年6月末現在）の会員数を持つ。

〈連絡先〉
〒541-0059
大阪府大阪市中央区博労町1-9-8 堺筋MS第2ビル11階
有限会社ティ・アール・コーポレーション内
TEL 06-6271-2860

関西女性経営者《カンサイジョセイケイエイシャ》46人《ニン》からの本気《ホンキ》のメッセージ！

女《オンナ》の本気《ホンキ》

2014年8月1日　第1刷発行
2014年8月30日　第2刷発行

著　者　エメラルド倶楽部関西
発行者　太田　進
発行所　株式会社オータパブリケイションズ
〒105-0001 東京都港区虎ノ門1-19-5 虎ノ門1丁目森ビル
電話 03-5251-9800
http://www.ohtapub.co.jp/
印刷・製本　富士美術印刷株式会社

ISBN 978-4-903721-45-3　定価はカバーに表示してあります。